weissbooks.w

José F. A. Oliver
Fremdenzimmer
Essays

weissbooks.w

Fremdenzimmer

A mi madre – la que me queda

Zwei Mütter

Wie ich in der deutschen Sprache ankam

Kindheit war das ungefährdete Glück, mit zwei Müttern groß zu werden. Die leibliche, die sich, bevor sie unserem Vater von Andalusien aus folgte, um in Deutschland Arbeit zu finden, ferntrauen lassen musste und die uns ihre Weisen sang. Wiegenlieder, wenn wir traurig oder ängstlich waren und nicht einschlafen konnten. Am Wochenende erzählte sie meistens vom Meer, von leeren und vollen Netzen, vom Hunger, der sich mit Hoffnung paarte, und von Hafenvierteln, zwielichtigen Promenaden, von Einsamkeit und Tod. Der Tod war immer wie das große unbekannte Wasser. Er war überall. Beim Waschen, Bügeln, Fensterputzen. Ein kleines Schiff bleibt mir in Erinnerung. Ein kleines Schiff, das nicht in See stechen konnte: *Un barquito chiquitito* – Ein klitzekleines Schiffchen … »Und es vergingen ein, zwei, drei, vier, fünf, sechs, sieben Wochen, und dann konnte die winzige Barke doch die Anker lichten und ihre Reise antreten«, heißt es zum Schluss des Kinderliedes. Die

Strophen wiederholten sich wie Schäfchen, die in den Traum gezählt sein wollten. Die andere, Emma Viktoria, die weder meine Geschwister noch ich jemals »Mutter« riefen, war diejenige, die schon im Schwarzwald lebte, die unserer Familie Zuflucht wurde im Unbekannten und Vertraute in die Fremde und die auch gerne sang, so dass uns weitere Lieder wurden. »Hänschen klein...« und: »Kommt ein Vogel geflogen ...« Vor allem aber las sie uns Geschichten vor. Die »Bremer Stadtmusikanten« lernte ich so kennen und die Unheimlichkeit des Waldes, aber auch dessen Lichtungen. Der Wald hieß »Rotkäppchen« oder »Der Wolf und die sieben Geißlein«, »Brüderchen und Schwesterchen«. Manchmal »Rumpelstilzchen«. Meine Lieblingsgeschichte war »Der gestiefelte Kater«.

Für jedes Bedürfnis hatte ich eine Mutter. Für die Nestwärme die andalusische. Für das Rückgrat auf der Straße die alemannische. Dort war vor allem der Kampf um Sprache und Emma Viktoria als Verbündete, wenn es darum ging, so sein zu dürfen wie die anderen. Die Räuberspiele im Wald, die Gruppenstunden in der Katholischen Jugend, das Zeltlager. Das Recht darauf, ein Gymnasium besuchen zu dürfen. Die Genugtuung alsbald, dass die deutsche Sprache auch mir gehörte und ein Gastarbeiterkind nicht zwangsläufig der Gastarbeiter von morgen zu sein hatte.

Das Gedächtnis ist ein Kaleidoskop. Seine Bilder sprechen vor, ohne dass man den Tonfall der Stimmen im Nachhinein noch vernehmen könnte. Stimmen verblassen mit der Zeit und sind nicht mehr zu hören. Das habe ich schon in meinen Kindertagen von Emma Viktoria gelernt, als sie von denjenigen sprach, die nicht aus dem Krieg zurückkehrten. So wie vieles, was sie sagte, von ihr durchlebt war. Daraus schöpfte sie ihre Haltung, die sie uns Kindern durch die Zuneigung, die sie für uns empfand, anempfahl: Demut und Hoffnung. Und immer präsent das Gebet, zu dem sie uns allmorgendlich vor dem Frühstück einlud und in dem sie ihre Stärke fand.

Wir Kinder duzten sie. Unsere Eltern hingegen sprachen die Frau, die uns prägen sollte, bis zu ihrem Tod in der Höflichkeitsform und mit Nachnamen an: Frau Welle. Emma Viktoria erwiderte die Wertschätzung. Allerdings mit dem jeweiligen Vornamen, mit Cloti und Paco. Vielleicht war es ja Respekt, der Vater und Mutter dazu bewogen hatte, die aufrichtige Distanz in der Wahl der Anrede zu wahren. Zumindest könnte es so gewesen sein. Von unseren Urlaubsfahrten nach Südspanien, die unsere Eltern als Heimreise bezeichneten, wusste ich, dass unsere Großeltern in Málaga von ihren Schwiegerkindern ebenfalls in dieser Ehr erbietenden Form angesprochen wurden. Wenngleich dann doch mit Vornamen. Das vertrauter auftretende »Du« blieb im Umgang mit ihnen ein Privileg der Enkel.

Gab es möglicherweise doch eine Rivalität zwischen den beiden Frauen, die unser Leben in Deutschland bestimmt hatten? In dem Poesiealbum jedenfalls, das ich zu meinem 11. Namenstag geschenkt bekommen hatte –

Geburtstage wurden in den Ankunftsjahren selten gefeiert, die spanische Kultur kannte allenfalls *los santos*, die Namenstage, ließ ich für Emma Viktoria unmittelbar nach meinen Eltern eine Seite frei. Das war 1972. Zu meiner Freude hatte Emma Viktoria neben die mir gewidmeten Verszeilen ein Schwarzweißfoto eingeklebt, das uns beide in großer Anhänglichkeit zeigt. In Triberg vor den Wasserfällen auf einer Holzbank sitzend. Ich muss drei oder vier Jahre alt gewesen sein. Sie schwarz gekleidet – ich glaube, sie trug damals Trauer –, in ihrer Hand eine geöffnete Papiertüte, die sie mir hinstreckte, ich ein Stück Brezel essend und mich an ihrem Arm festhaltend. Ein Bild der Geborgenheit.

In klarer Linienführung – einige Buchstaben trugen Züge der Sütterlin-Schrift – hatte Emma Viktoria folgende Zeilen notiert, die ich seither auswendig weiß: »Hab Sonne im Herzen, ob' s stürmt oder schneit, ob der Himmel voll Wolken, die Erde voll Streit. Hab Sonne im Herzen, verlier nie den Mut, hab Sonne im Herzen, und alles wird gut.«

Mutter ging in aller Regel morgens um sechs aus dem Haus, kam gegen Mittag zurück, machte im Kinderzimmer die Betten, bereitete rasch das Essen vor und deckte den Tisch, um wenig später erneut in der Fabrikhalle zu stehen. Wenn sie am frühen Abend zurückkam, war Waschen angesagt, Bügeln, Putzen, Vorkochen. Am meisten litt sie unter dem Zustand ihrer Hände. Sie konnte tun, was sie wollte. Durch die ölige Arbeit in der Gewindeschneiderei waren sie kaum noch zu pflegen.

Die einzigen Tage im Jahr, an denen sich ihre Hände erholen und die Fingernägel nachwachsen konnten, die sie so gerne lackierte, waren während der Ferien im Sommer, wenn wir uns für sechs Wochen nach Andalusien aufmachten und die Großeltern besuchten. Das Diktat der Akkordarbeit gab auch bei uns zu Hause die Zeitabschnitte vor, die wir mit unseren Eltern verbrachten. Alles musste schnell und noch schneller gehen. Man lebte für ein paar Augenblicke am Abend, fürs Wochenende oder für die großen Ferien. Vater arbeitete in zwei Fabriken und fuhr in der kälteren Jahreszeit nachts zusätzlich noch Kohlen aus. Vier Kinder wollten ernährt sein. Manchmal durften wir aufbleiben, bis der Pritschenwagen am Haus anhielt, und kurz auf die Straße springen, um ihm unsere Schulhefte zu zeigen, wenn darin ein Lob vermerkt war, oder ihm einfach nur einen Kuss zu geben und Gute Nacht zu sagen. Wir sahen ihn meistens erst am nächsten Nachmittag wieder, wenn er von einer Fabrik in die andere hetzte. Tagsüber hatten wir nicht viel von unseren Eltern. Von Vater weniger noch als von Mutter. Sie wollte es sich deshalb auch nicht nehmen lassen, uns jeden Tag wenigstens das Mittagessen vorzubereiten. Dennoch waren wir nicht allein.

Wir hatten jemanden, der für uns da war, wenn Mutter in die Fabrik gehen musste: Emma Viktoria, die selber einst als Fremde nach Hausach gekommen war. In der Nähe von Malsch geboren, hatte sie ihren Mann während der Kriegsjahre in Karlsruhe kennengelernt, als er, verletzt, für ein paar Wochen der Front den Rücken kehren konnte, um sich zu Hause auszukurieren. Wir Kinder waren natürlich mehr als nur einmal neugierig oder *wunderfitzig*[1], wie es so schön auf alemannisch heißt – »wenn de Wunderfitz plogt«[2] und fragten sie immer wieder, wie es sie in den Schwarzwald verschlagen habe. Dann erzählte sie uns scheu und dennoch ausführlich ihre Geschichte. Dass sie nämlich, als sie diesen »sturen Schwarzwälder Kerl« kennenlernen sollte, mit einer Freundin im Kaiserhof in Karlsruhe zum Mittagessen verabredet gewesen sei, »um mir den Krieg von der Seele zu reden«, sagte sie. Es habe Spaghetti mit Tomatensauce gegeben. Ihre Aufmerksamkeit habe jedoch weniger dem Nudelgericht, vielmehr einem feschen Burschen am Nachbartisch gegolten, der, ebenfalls von einem Freund begleitet, das Wort ergriffen und die beiden jungen Damen auch im Namen seines eher schüchtern wirkenden Kameraden angesprochen habe, so dass sie, beziehungsweise beide, auf einen Schlag erröteten. Aus dem kurzen Wortgeplänkel und der Einladung zum Eis wurde schließlich eine Doppelhochzeit. »Es war beileibe nicht üblich, als Frau alleine

---

1 *Wunderfitz, wunderfitzig* (alem.): ein Naseweis, der große Glupschaugen macht, vorwitzig und mit einer gepfefferten Portion Verschlagenheit im Sinn. Nicht ganz unaufdringlich, in seiner Chuzpe jedoch durchaus sympathisch.

2 *wenn de Wunderfitz plogt* (alem.): schier lüstern vor Neugier. Ein Zustand kurz bevor der Wissbegierige aus Lust an den intimen Novitäten der Anderen zu platzen droht.

in einem Gasthof einzukehren, geschweige denn, sich von einem Soldaten ansprechen oder gar einladen zu lassen.« Ein Soldat, der wieder an die Front zurückkehren würde, sei wirklich nicht ihr Traum gewesen. So kam sie schließlich in eine alteingesessene Schwarzwälder Zimmermannsfamilie, die sie aber zunächst nicht akzeptieren wollte, weil es unsicher war, ob der Sohn je wieder aus dem Krieg heimkehren würde … Die ungeliebte Schwiegertochter. Auch dies sei ein eigenwilliges Erleben von Fremde gewesen, sollte sie kurz vor ihrem Tod einmal sagen. Doch zurück in andere Tage.

»Morge Nochmittag gemmer in d Heibere. Saisch aber de Mama, si sott eich e alde Hos ruslege, wenn se hit Obed hoimkunnt.«[1]

Als Mutter abends nach Hause kam, war ich gefordert, den Ausflug, der für den nächsten Tag geplant war, ins Spanische zu übersetzen. Der Sinn des Satzes schien mir dabei nicht das Problem zu sein, sondern die Pein, das spanische Wort für »Heidelbeeren« zu finden. Allzu lange zerbrach ich mir den Kopf jedoch nicht. Denn ich wollte alles andere als verlegen sein. Knapp sechs Jahre war ich alt, und wie so häufig in jener Zeit, sollte die

---

1 Lesen Sie sich diese Sätze laut vor, dann ruckt Ihnen *s Alemannische* badischer Couleur wahrscheinlich ganz von selbst auf Ihren hochsprachlichen Leib. Für alle, die diesem Ratschlag in die Mundart jedoch nicht folgen wollen – *Heibere* sind Heidelbeeren: »Morgen Nachmittag gehen wir in die Heidelbeeren. Sag deiner Mutter, wenn sie heute Abend nach Hause kommt, sie möge euch eine alte Hose bereitlegen.«

spielerische Phantasie des Kindes dort Pate stehen, wo es darum ging Brücken zu bauen. So entstand schließlich mein erster bewusster Satz, der, unbekümmert ins Spanische gesprochen, ein deutsches Wort in die andere Sprache rettete. In diesem Fall das Wort »Heidelbeere«. Das hörte sich dann ungefähr so an: »Mamá, mañana vamos a buscar Heidelbeeren.«[1] Nach dem fragenden Blick meiner Mutter und einem nachvollziehbaren Missverständnis, das bei dem seltsamen Wort »Heidelbeere« auf der Hand liegt, konnte ich sie schließlich mit einer Umarmung beruhigen, dass ich nicht davon sprach, nach Heidelberg zu fahren, sondern dass wir einfach nur die Absicht hatten, in den Wald zu gehen, um die violettblauen Beeren zu pflücken, die sie genau so zu schätzen wusste wie wir Kinder. Es war das erste, bei weitem aber nicht das einzige Mal, dass ich all meine Redekunst aufbringen musste, um zwischen den beiden Sprachen zu vermitteln. Sie gaben sich in unserem Domizil tagtäglich ein Stelldichein.

Ich bin in einem Haus aufgewachsen, das zwei Stockwerke hatte. Im ersten Stock wurde alemannisch gesprochen, also annähernd deutsch, und im zweiten andalusisch, also annähernd spanisch. Wenn sich eine sternenklare Nacht abzeichnete und man den Mond am

---

1 »Mama, morgen gehen wir in die Heidelbeeren.« *Buscar* (span.) bedeutet »suchen«. Für uns Kinder war es immer ein Hochgenuss und ein besonderes Sommererlebnis, mit dem Blaubeerenkamm (alem. *Heiberekomm*) die Heidelbeeren in den verborgenen Waldverstecken abzustreifen. Jedes Kind hatte eine eigene Holzraffel.

Himmel sah, hieß er im zweiten Stock »la luna« und war weiblich. Betrachtete man *la luna* vom ersten Stock aus, war sie plötzlich männlich und hieß »der Mond«. Ein paar Treppenstufen genügten, und aus der Frau wurde ein Mann – oder umgekehrt.

Das Haus, in dem wir lebten, steht heute noch in Hausach-Dorf. Um ins *Städtle* zu kommen, wie die *Dörfler* den umtriebigen Teil der Stadt gemeinhin nannten und heute noch zu bezeichnen pflegen, mussten nicht nur einige Kilometer Wegstrecke zurückgelegt werden. Es waren Welten, die den Menschenschlag, der rund um den alten Friedhof im Westen der Stadt unter der einstigen Burg der Zähringer lebte, von demjenigen im Ortskern unterschieden. Die Menschen im Dorf wandten sich eher den Seitentälern und dem Wald zu, wohingegen die *Städtler* vom Kommen und Gehen der Fabriken lebten und ihren Tagesrhythmus dem Zeitkorsett der Stempeluhren angepasst hatten.

Hausach ist eine alte Arbeiterstadt. Längst sind aus einigen ehemals kleinen, überschaubaren Familienbetrieben komplex vernetzte Unternehmen geworden, die weltweit agieren, andere hingegen sind untergegangen. Einst gab es neben der Metall verarbeitenden Industrie, die bis heute den Hauptteil der Arbeitsplätze sichert, eine Hosenträger- und (ihr gegenüber) eine Strohhutfabrik. Alles Geschichte. So wie auch der Grund, weshalb meine Eltern aus Andalusien Anfang der sechziger Jahre in den Schwarzwald kamen, um für kurze Zeit in Deutschland zu arbeiten und dann wieder nach Málaga zurückzukehren, längst Geschichte geworden ist. Auch meine.

Kindheit war für mich immer Wirklichkeit und Vorstellung in einem. Hier das Alemannische, dort das Andalusische. Der Inbegriff des Alemannischen waren für mich ein Rucksack und geheimnisvolle Nachtwanderungen, das zünftige Vesper beim Sonnenaufgang und Hosenträgerspeck oder hart geräucherte Bratwürste, die zur wohlverdienten Frühstückspause nach den vielen Kilometern durch den stockdunklen Wald endlich ausgepackt werden durften. Dazu gab es meistens ein paar Scheiben Bauernbrot und, vor allem, dies noch: den Stolz auf ein eigenes Taschenmesser, das man nach dem herzhaften Mahl – ganz wie die Erwachsenen – kräftig am Lederarsch abrieb. Damit war nicht nur das Messer wieder sauber, sondern die Lederhose auch gut eingefettet. Einer der frühesten Sätze aus meinen Kindertagen lautete – Emma Viktoria hatte ihn uns mit auf den Weg gegeben, als sie uns das Handwerkszeug schenkte: »E rächte Kerle het e Messer im Sack.«[1] Ein Satz, so alemannisch klar wie mein spanischer Name. Zum Musterbeispiel des Andalusischen wurden mir die Sonntage: Stöckelschuhe bei den Damen und goldene Siegelringe an der linken Hand ihrer Männer. Herausgeputzt also, und auf den gemächlichen Spaziergängen

---

1 Mehr oder weniger drückt sich in diesem Postulat eine Kerls-Pflicht, ein Jungmänner-Muss für Landburschen aus: »Ein Mann, der etwas auf sich hält, hat ein Taschenmesser im Hosensack.« Man könnte auch sagen: »… hat ein Sackmesser in der Hosentasche.«

ein Palaver ohne Ende. Die etwas feinere Art, sich fortzubewegen, die sich nie in den Wald verirrte. Mit Stöckelschuhen kaum vorstellbar. Von Weitem betrachtet waren die Tannen eine willkommene Erinnerungsstütze und Kulisse, die den Palmen in der Heimat jedoch nie das Wasser reichen konnten. Das Deutsche und, ihm ebenbürtig, das Spanische fristeten in meinen frühen Kinderjahren ein kümmerliches Dasein. Beide Hochsprachen sollten erst später an Bedeutung gewinnen, als meine Geschwister und ich morgens zur Schule gingen und nachmittags den muttersprachlichen Unterricht im »Colegio Español«[1] besuchten, den Vater in Hausach gegründet hatte – zu unserem Leidwesen. Heute sind wir froh über die zusätzliche Sprache, die uns, wenn auch mit fragwürdigen Büchern – sie kamen alle aus der Franco-Diktatur, aber dieser Umstand schien keinen zu interessieren – beigebracht wurde.

Gegebenheiten wie Widersprüche – und dennoch war alles Spiel und Abenteuer. Das Haus am Waldrand, samt Hühnerstall und eigenem Kartoffelacker, umgeben von Feldern und sumpfigen Wiesen, oder die geheimnis-

1 *Colegio Español* (span.): »Spanische Schule«. Entsprach dem »muttersprachlichen Unterricht« für die spanischen Gastarbeiterkinder. Gut gemeint, fahrlässig durchdacht und kaum begleitet. Aber das ist eine Geschichte für sich. Wir Kinder hatten eine Lehrerin aus Galizien, die sich selber wie eine Generalissima von Gottes Gnaden gerierte. Die spanische Nationalhymne und das Gebet vor Unterrichtsbeginn waren Pflicht und Ehre, und Francisco Paulino Hermenegildo Teódulo Franco y Bahamonde Salgado Pardo war für unsere Señorita nichts weniger als ein Heiliger.

volle Weidenplantage hinterm Haus, auf der wir – verbotenerweise – mehr als nur einmal Jagd auf Kreuzottern und Blindschleichen machten. Nach und nach wurde dies meine Heimat. Ein Haus, zwei Stockwerke, zwei Mütter. Das aber wurde mir erst viel später wirklich klar. Als Emma Victoria im Jahre 2002 starb. An Leukämie.

Ich durfte eine Frau in den Tod begleiten, die wir nie »Mutter« genannt hatten und die uns dennoch eine Mutter war. Eigene Kinder waren ihr nicht vergönnt. Sie lag in jener Nacht, in der Karlsruhe bombardiert wurde, im Krankenhaus, und die Blinddarmoperation, der sie sich hätte unterziehen müssen, konnte nicht mehr durchgeführt werden, ihr Leben war nur noch mit einem Noteingriff zu retten. Sie selber sprach niemals über diese Bombennacht. Wie sie auch nur sehr spärlich vom Zweiten Weltkrieg erzählte und den Jahren davor und danach. Ich habe Vieles über sie von anderen erfahren. Von Menschen, die sie aus ihren Mädchen- und Jugendjahren kannten. So erfuhr ich, dass sie als junge Frau bei einer jüdischen Arztfamilie aus Karlsruhe in Stellung war, der sie zur Flucht verhelfen sollte. Als deren Haus ins Visier der SS-Schergen geriet, setzte sie nach und nach einen Plan um, den sie mit der Familie minutiös vorbereitet hatte. Jeden Tag verließ ein anderes Familienmitglied das Haus und wurde in Sicherheit gebracht. Erst die Kinder, dann die Mutter, schließlich, als letzter, der Vater. Emma Viktoria hatte dabei die heikle Aufgabe, so zu tun, als sei alles Tag für Tag wie immer. Sie ging jeden Morgen zum Bäcker, kaufte immer eine bestimmte Menge Brötchen und holte frische Milch. Dann kehrte sie voll bepackt zurück und ließ sich etwas Zeit, bevor sie alle Federbetten ausschüttelte und den Gehweg fegte. Anschließend verbrachte sie den Tag im Haus und las, hatte dabei die Männer jedoch, die glaubten, Kommen und Gehen in der Arztpraxis und der darüber liegenden Wohnung zu kontrollieren, immer wieder im Blick. Mit Anbruch der Dunkelheit fuhr sie jeden Abend mit dem Fahrrad zu ihren Eltern und schmuggelte all jene Habseligkeiten fort, die der Familie, die nach Amerika fliehen wollte, wichtig waren. Da sie zu Hause wohnte und nicht bei der Arztfamilie schlief, fiel es nicht weiter auf, dass sie sich jeden Abend mit Gepäck auf dem Fahrrad auf den Heimweg machte.

Erst als alle Familienmitglieder das Haus endgültig verlassen hatten, ging auch sie ein letztes Mal aus der alten Villa, warf den Hausschlüssel in den Briefkasten und fuhr davon. Irgendwann verstand ich, dass die Konsequenz, mit der sie uns »Sponierkinder«[1] ihr Leben lang verteidigte und uns in jeder Hinsicht zur Seite stand, eine Selbstverständlichkeit ihres Glaubens war. Ihr Credo war schlicht und einfach: »Vor Gott sind alle Menschen gleich!«

---

1 *Sponierkinder* (alem.): Die in Deutschland geborenen Nachkommen der spanischen Gastarbeiter wurden in meiner Kinderzeit im Kinzigtal so bezeichnet. »Sponierkinder« hörte sich für mich immer ausgrenzend gefährlich an. Wie ein Menetekel.

Emma Viktoria war diejenige, die uns die Sicherheit schenkte, so sein zu dürfen wie alle anderen Kinder auch. Einfach nur Kinder, mit einem Anspruch darauf zu spielen, sich hie und da auch Lausbubenstreiche ausdenken durften und die tagsüber nicht herausgeputzt und in feinem Zwirn sein mussten, vielmehr all ihre kleinen und großen Kindsabenteuer ausleben konnten. Natürlich immer erst, wenn wir unsere Schularbeiten erledigt hatten. Dabei war es ihr oft egal, wie die Aufgaben tatsächlich lauteten. Als erstes mussten wir einfach nur lesen. Laut vorlesen. Meine Brüder und ich waren abwechselnd an der Reihe. Wenn wir die Geschichten zu ihrer Zufriedenheit vorgetragen hatten und diese noch munter im Raum standen, ging es ans Rechnen. »Lesen müsst ihr können,« betonte sie immer wieder, »und Rechnen. Das Einmaleins müsst ihr im Schlaf aufsagen!« Meistens halfen uns dabei Walnüsse, die fast immer in einem Korb auf der Anrichte standen, und wenn keine zur Hand waren, taten es auch kleine Kieselsteine. Es war ihr auch nicht wichtig, ob wir die lateinischen Fachausdrücke beherrschten oder nicht. Addieren hieß *Zommezähle* und Subtrahieren war im Wörtchen *Abziege* gut aufgehoben. Danach schickte sie uns häufig zum Einkaufen. Schließlich musste in der Praxis erprobt werden, was theoretisch im Kopf eine unnütze Tortur zu sein schien. Sobald wir wieder in der Küche saßen, nahm sie den Kassenzettel an sich, und wir mussten Nudeln, Obst und Eier, Mehl und Zucker und natürlich die Bonbons – ein paar »Gutsele«[1] waren für uns immer dabei – sorgfältig auf dem Tisch ausbreiten und in korrekter Schreibweise die Namen all der Dinge auflisten, die wir mitgebracht hatten, und alles noch einmal zusammenrechnen. Das war natürlich erst möglich, als wir schreiben und lesen gelernt hatten. So verband sich jeden Nachmittag die Pflicht mit dem Vergnügen, Süßes zu ergattern. Wenn dann die Schulhefte wieder verstaut und all die Hausaufgaben, die wir sonst noch auf hatten, »in Schönschrift« gemacht worden waren, durften wir raus auf die Straße und unsere Freunde treffen. Nicht ohne ihre Ermahnung, spätestens zur »Betzitt«[2] wieder zu Hause zu sein. Das war abends um sechs. Die Stunden in der Küche werde ich nie vergessen. Dort wurden Zeit und Spiel eins.

»Bevor eure Mutter nach Hause kommt, müsst ihr euch aber wieder umziehen, wascht euch die Hände, putzt die Schuhe.« So gab Emma Viktoria Mutter die Gewissheit, dass wir nicht verwahrlost herumstreunten, sondern stets ordentlich gekleidet waren. Mit dem »Lederarsch«, den uns Emma Victoria nachmittags immer anzog, weil der Wald, der ans Haus grenzte, sich mit ei-

---

1 *Gutsele* (alem.): Bonbons. Süßigkeiten oder Schleckereien, die in den Sechzigern und Anfang der siebziger Jahre des 20. Jahrhunderts in unserer Familie doch recht unerschwinglich und deshalb selten genehmigt waren.

2 Zeit des Abendgebets. Schlag 18 Uhr – und wehe, man überhörte die Kirchturmglocken! Dann wurde die abendliche Rüge ebenso zu einem Ritual wie das Geläut der Dorfkirche selber.

nem delikateren Stoff, wie ihn Mutter gerne gesehen hätte, doch nicht ganz so vertrug, hat sich »mamá«, die wir immer nur spanisch ansprachen, nie angefreundet.

Lange habe ich mich gesträubt, für beide Frauen, ohne die wir heute nicht diejenigen wären, die wir sind, das Wort »Mutter« gleichzeitig zu benutzen. Im Nachhinein, Jahre nach dem Tod der Frau, die unsere Familie Anfang der sechziger Jahre in Hausach im Schwarzwald aufgenommen hatte, fällt es mir leichter, auch sie als Mutter zu bezeichnen. Vielleicht deshalb, weil sie mir heute in meiner Vorstellung antwortet und meine Gefühle nicht berührt werden können.

Als ich meine Geschwister vor Kurzem fragte, welche Bilder aus unserer gemeinsamen Kindheit bei ihnen am stärksten nachwirkten, waren die Antworten so unterschiedlich wie unsere Lebenswege. Meine Schwester meinte, sie sehe immer noch, wie Emma Viktoria mit einer weißen Schürze in der Küche steht und Linzertorten backt. Meine Brüder hingegen erwähnten den Schutz, den sie hinter ihrem Rücken fanden, wie sie an ihrem Rockzipfel hingen, wenn sie etwas ausgefressen hatten und sich in Sicherheit bringen mussten. Der Ältere, weil er wieder einmal die sorgfältig aufgebauten Spielzeugarmeen umgeworfen hatte – ganze Schlachten zwischen Indianern und Soldaten hatte unser jüngster Bruder im Treppenhaus in Szene gesetzt –, der Jüngere, wenn er auf der Straße wieder einmal den Mund zu voll genommen hatte und sich nur zu helfen wusste, indem er schnurstracks nach Hause rannte, um keine Prügel einzustecken.

Denke ich an Emma Viktoria, ist es immer ihre Sprache, die mir einfällt. Ihre ruhige Stimme. Ich kann sie heute nicht mehr hören, doch die Bilder, die sie in ihren Schilderungen aufleben ließ, sind umso farbiger präsent. Ich liebte es, wenn sie ins Erzählen kam oder einfach nur ein paar schlichte Zeilen reimte: »Hab Sonne im Herzen, ob's stürmt oder schneit, ob der Himmel voll Wolken, die Erde voll Streit. Hab Sonne im Herzen, verlier nie den Mut, hab Sonne im Herzen, und alles wird gut.«

Schimpf und Widerstand

Als die alemannische Sprache in mein Schreiben kam

Es hätte nicht viel gefehlt und ich wäre in hohem Bogen aus dem Provinzklassenzimmer geflogen. *Ums Rumgugge.*[1] Schlichtweg ausgeliefert. Ohne auch nur die geringste Chance auf einen notlügenhaften Reinigungseid, den ich strategisch bestimmt herbeigeschworen hätte, wäre die Ungunst des Augenblicks nicht derart eskaliert. Denn im Inneren meines Widerstands fühlte ich mich ja in jeder Hinsicht unverfälscht und keinesfalls idiomatisch deplatziert. Präziser offenbart: Ich betrachtete mich als echtsprachigen *Latsche.*[2] Klar wie die *Husacher*[3] Straßenwirklichkeiten selber – und niemand durfte mir

1 *Ums Rumgugge* (alem.): im Nu; unversehens. So schnell konnte man gar nicht hinschauen, wie die Dinge geschahen.

2 *Latsche* (alem.): Tolpatsch; Trottel; Pflaumenaugust; ein Schlendrian und Pfiffikus, irgendwo und irgendwie zwischen einer Flachpfeife und einem Taugenichts sein irdisches Dasein fristend.

3 Hausacher; Hausacher von Geburt

seinerzeit die mühsam errungene Integration ins Hierzulande nachbessern.

Lediglich die intuitive Urfehde, die mir eingefallen war, hatte mich an jenem Morgen vor der drohenden Blamage samt Schreibarrest bewahrt. Es sollte sich folglich keine badisch-alemannische Insubordination einstellen, wie ich sie mir damals immer wieder erwartungsvoll und aufmüpfig vorgenommen hatte, sondern ich unterwarf mich dem per erhobenem Zeigefinger verordneten Versprechen, niemals mehr dem Kinzigtäler »sch«, sprich dem *es-ce-ha* der Schwarzwälder Gassen, in den Räumen der gymnasialen Lehranstalt an falscher Stelle das *Herzenszüngle* (an der Sprachwaage) zu leihen. Urfehde? Wie war das doch gleich? Das Versprechen eines entlassenen oder aus der Sprache verwiesenen Ertappten, die Sprache, in die er glücksexiliert wurde, nie wieder zu schmähen, noch sich an deren Sprech-Bewohnern dafür rächen zu wollen …

»Auf kei nen Fall! Das geht auf gar kei nen Fall, junger Mann! Aus schließ lich, ich be tone es noch einmal und zwar für alle hier in diesem Zimmer: aus schließ lich das hoch sprach lich, hören Sie mir gut zu, das hoch sprach lich! sauber aus ge spro chene »s« vor dem »t« ist gül tig und kann die tat säch lichen Pfor ten zur An erken nung und damit – zur Be geg nung auf Au gen höhe, Augenhöhe – verstehen Sie das?! – auf Au gen höhe öffnen. Habt ihr das endlich begriffen?«

Derart taktangeschlagen und uns Schüler alphabetisierend in die Enge treibend, hing das akzentuierte Belehrungsmanöver, das bevormundende Deutsch-Ritual, das notorisch inszenierte und wortgeschmetterte, uns alsbald gar niederschmetternde *Gwilch*[1] des Studienrats aus – ach, ich weiß es nicht mehr ... Olpe? Hagen? Braunschweig? Wolfenbüttel? – im Lerngeviert auf dem Weg zum Abitur. Unser Lehrer – es ließ sich nicht anders zusammenreimen – wurde wahrscheinlich directement aus der Hochsprache in die Hochsprache fortgeboren. Wer weiß. Ohne erkennbare Landschaftsverbundenheit auf den staatsexaminierten Fingerkuppen ein Goetheaner jedenfalls; ja, das könnte er dialektverwaist, wie er sich zeigte, gewesen sein. Dessen bin ich mir (fast) sicher. Durch und durch färbungsneutral. Daher studierte er in dicken Schinken auch nur sie, des Geheimrats Aufzeichnungen, wenn wir Schüler über den Erörterungen, Aufsätzen oder anderweitigen Arbeiten brüteten und »Kirschen brechen« schrieben, anstatt sie zu »pflücken«. Nun gut. *So isch s halt gsi.*[2] Damals. In den Mitsiebzigern. Ich übertreibe nicht im Lautgeringsten. *Noi, koi bitzele, nitemol e Muggeseggele meh wi wohr isch.*[3]

Dialekt? Um Gottes willen! Aber ja nicht! Allein der Singsang war für ihn eine hausgemachte Katastrophe.

---

1 *Gwilch* (alem.): Wolken; Gewölk

2 *so isch s halt gsi* (alem.): in etwa: So war es nun einmal!

3 *Muggeseggele* (alem.) wäre mit »Mückenschwänzchen« zu übersetzen: »Nein, kein bisschen. Nicht einmal ein Mückenschwänzchen mehr als wahr ist.« Noch dünner als ein Eihäutchen.

Jesesmäßig altbache[1], würde ich dem Unkundigen oder *Riigschmeckte*[2] rückübersetzen. Außerdem, unterstrich unser Herr Lehrer, Johann Peter Hebel habe im Vorwort zur Ausgabe seiner alemannischen Gedichte höchstselbst den verräterischen Satz zum Besten gegeben: »Wenn Leser höherer Bildung sie nicht ganz unbefriedigt aus den Händen legen (...).«

Tja, dann. Wie konnte man dagegen noch etwas Stichhaltiges vorbringen: Die höhere Bildung! Was das wohl heißen mag. Aber legen wir den Hebel wieder um. Von der Vernachlässigung des Imperfekts ganz zu schweigen. Das lasse ich auch lieber bleiben.

Der spontane Spracheid hatte mich also quasi in letzter Minute vor der in jeder Hinsicht brüskierenden Pein bewahrt, coram publico und mit an Sprechscham nicht zu toppenden Grimassen das Alemannische – in meinem Fall das verwässerte Oberrheinalemannische, um es exakt zu verorten – für alle Schulbankenzeiten aus meinem *Madengele*-Repertoire[3] zu verstoßen und danach auch noch auf dem Gang 250mal den Nachnamen des Klassikers auf Papier zu kritzeln, d.h. in Schön-

---

1 *Jesesmäßig altbache* (alem.): jesusmäßig altbacken; gottverloren alt modisch; himmelschreiend gestrig

2 *Riigeschmeckter* (alem.): ein auserkorener Fremdling; zugewandert und ein Leben lang ortsunkundig; nicht dazugehörend, ein immerwähender »Gastling«

3 *Madengele* (alem.): echte Schlüsselblume (*Primula veris*). Wir hatten reglerechte Madengele-Wettbwerbe. Wer den schönsten Blumenstrauß mit nach Hause brachte, war der größte Held. Auch unter den Jungs.

schrift einzutrocknen. Das Klassenzimmer als Sprachpranger, als *schondpfohlige Schwätzerflecke.*[1] Das mutete schon ziemlich eigenträchtig an. Dabei hatte ich mir im Grunde nichts Veritables zu schulden kommen lassen, sondern, unbedarft wie ich *Schwarzwaldbieble halt au si hon mieße*[2] wissend *Kleischt* ausgerufen. Bernd Heinrich Wilhelm von. Das flutschte als Antwort auf die Frage, wer den Prinzen von Homburg verfasst hätte. Denn Gegenstand der literarischen Tagesration Deutschunterrichtung war an diesem dramatischen Morgen »Der zerbrochene Krug«. Ach, wäre damals doch nur, bei dem neuerlichen alemannisch-hochdeutschen *clash of civilizations*, Dorfrichter Adam realiter zur Stelle gewesen. Er hätte bestimmt für die Gerechtigkeit geworben und mit seinen urteilsfliehenden Worten auf meinen Lippen die Situation geerdet und gerettet: »Und eh' ich noch den Lauf des Tags beginne / Renkt unser Herrgott mir den Fuß schon aus.«

Nein, man war einfach allein und wurde schon nach dem Aufstehen schnurstracks sprachbehandelt, kaum dass man vom Zensurmaul der altehrwürdigen Bildungsanstalt verschluckt war. Ganz ohne richterliche Verfügung. *Teilbot wi e Humpetone, e Homberle mitere*

1 *schondpfohliger Schwätzerfleck* (alem.): Die Prangerposition im Klassenzimmer, wenn man an die Tafel geholt wurde. Als stünde man coram publico am Schandpfahl der Aussprachesünden. Allein die alemannischen Mundart reichte zum Büßerhemd.

2 *Schwarzwaldbieble* (alem.): Schwarzwaldbübchen: wie ich als kleiner Schwarzwaldbub (auch) zu sein hatte.

loddrige Gosch oder wi e Schäreschliffer un Muusfallehändler[1], die identitätsgeographisch domestiziert und mir nichts dir nichts ins gezähmte Korrektissimo zwangsgrammatikalisiert werden durften.

Nachdem das alemannische Revier zur Gefahrenzone deklariert und gänzlich abgesperrt worden war, fühlte ich mich wie ein verirrtes Hirschtier. Doch das hatte – rückblickend betrachtet – auch seine inspirierende Seite. Durch diesen Eklat sollte ich mir zum ersten Mal das Wort »Hinterwäldler« wirklich substantiell auf der imaginären Zunge zergehen lassen.

Das stachelte die Phantasie an.

An jenem Tag – ich hatte meine 16 Jahre noch nicht überschritten – kam ich mehr als *uulidig*[2] von der Schule nach Hause und schmiedete noch vor dem Mittagessen (es gab *Dummis un Grieße ussem Weckglas*[3]) die umstürzlerischen Pläne, den alemannischen Dialekt mit aller nur erdenklichen Lustgewähr und poetischen Kompromisslosigkeit zu verteidigen und seine bildstarke Kraft fürderhin zu rehabilitieren. Nicht nur angesichts der nahezu täglich stattfindenden Beutezüge des puristischen Goetheaners erachtete ich mein Vorhaben

1 »Manchmal wie ein Mensch, der sich durchs Leben humpelt (nichts anderes ist ein Humpe-Tone, sprich: ein »Humpel-Anton«), ein Vagabund mit schnoddrig losem Mundwerk oder wie ein Scherenschleifer und Mausefallenhändler.«

2 *uulidig* (alem.): schlechtgelaunt; verstimmt; gereizt wie mieses Wetter

3 *Dummis un Grieße ussem Weckglas* (alem.): zerhackter Pfannkuchen und gekochte Kirschen aus dem Einmachglas. *Dummis* waren vor der Kartoffel ein Grundnahrungsmittel im Schwarzwald.

als einen geheimliterarischen Auftrag ins Künftige, den Goetheanus – ich will ihn fortan nur noch so nennen – mit seinen urplötzlichen Attacken erst ans Tageslicht meiner lange gehegten Absichten befördert hatte. So entstanden die ersten alemannisch-trotzigen Verse, die heute, das gestehe ich ein, durchaus als pubertäre Heimatdichtung zu bezeichnen sind: »Wo d Buure ihre Matte mahje, wo s Spitzbuebe het un Ackerkrahje«[1], usw. Eine unabdingbare Voraussetzung jedoch für die in der Folge postulierte »Heimattdichtung«, aus der schließlich das Buch »Heimatt und andere fossile Träume« hervorblinzelte. Meine insgeheime und experimentelle Auseinandersetzung mit den Sprachen mündete letzten Endes, ein paar Schreibzeiten älter, in einen dreisprachigen Lyrikband (deutsch-spanisch-alemannisch) mit seinem Magie ausschüttenden Titel *Duende*. Einem Lorca-Wort, zumindest ein von ihm ins Poetische wortgetanzter Begriff aus dem Südlichen der spanischen Sprache. In ihr gibt es ja keine wirklichen Dialekte, sondern allenfalls Variationen des Kastilischen und autonome Seins-Formen. Das Andalusische, hatte mir Rafael Alberti einst bei einem Besuch in Madrid komplizenhaft anvertraut, sei eine Lebensform und seiend. Doch das war viel, viel später, auch wenn ich diese Dimension aus Wort und Wort in jenen Jugendtagen

---

1 *Wo d Buure ihre Matte mahje, wo s Spitzbuebe het un Ackerkrahje* (alem.): »Wo (die) Bauern ihre Wiesen mähen, wo Lausebengel zu Hause sind und Saatkrähen nisten.«

schon geahnt hatte und mir bald nach dem traumatischen Kleisterlebnis nicht nur Don Federico und Don Rafael, sondern auch Johann Peter Hebel den Sprachrücken stärkten. Mit den Andalusiern zwei Weltprovinzler und mit Hebel ein Rebell, der zwar niemals in die Deutschstunden Eingang gefunden hatte, außer in dem bereits erwähnten Bildungszitat, dessen »Alemannische Gedichte« nichtsdestotrotz einen souveränen Platz in meiner Büchersammlung einnehmen. Ganz in Reichweite meiner Hände höre ich von meinem Schreibtisch aus die schier andalusischen Zeilen »Stohts denn nit dört, so schuderig, wie de Todt im Baßler Todtetanz? Es grußet eim …«[1]

Daraus schöpft mein Schreiben nach wie vor manch einen seiner existentiellen Molltöne, wenn ich im Alemannischen Wort und Rhythmus bin:

Do sin di Täg teilmol
Notkunft gsi us Zigiinerbrot un Zuckerwatte
De Schäreschliffer un Muusfallehändler ihr Stroßewerk
Fidel Schondpfohl Klagemuure
De Hund ihr Bäfzge wo ruhig woren isch
Mit dem sich s Hohliecht als us Kinzige
Gege s Wissloswäre verspunne het

1 Alemannische Zeilen von Johann Peter Hebel aus dem Text »Vergänglichkeit. Gespräch auf der Straße nach Basel zwischen Steinen und Brombach, in der Nacht«. Ins Schriftdeutsche geholt: »Steht es denn nicht dort, so schauderhaft wie der Tod im Basler Totentanz. Mir graut…«

Da waren bisweilen die Tage
Notkunft aus Zigeunerbrot und Zuckerwatte
Straßenwerk des fahrenden Gesindels
Fiedel Pranger Klagemauer
Auch verstummendes Gebell der Hunde
In welches sich die Dämmerung
Ein Gedächtnis wob aus Flüssen

Èranse a veces los días
De pan gitano y algodón de azúcar
Carromato de chusma caminante
Violín Picota Muro de las lamentaciones
También ladrido enmudecido de los perrros
Donde el ocaso tejió
Una memoria de ríos[1]

---

1 Drei Strophen aus meinem Langgedicht »Duende«, das von mir in drei Variationen geschrieben wurde: Alemannisch, Deutsch und Spanisch-Andalusisch Gutach: Drey Verlag, 1997

d Hoimet isch au d Sproch

Do kentsch groddebrait uff de birschdede Wildsau devu ritte. Also, ich schnall iberhaupt nix meh. Un wen ich au froge duen, koi Menscheseel konn mr des so verklickere, dass ich au nu e bitzele, was heißt e bitzele, e Muggeseggele devu verstonde dät. Odder het dir schu oi oinzigsmol ebber echd, ich moin so richtig halt verklickere kenne, was zum Daifel e »Hedgefond« isch? Also mir nit. Do kunnsch faschd dehinderezfiere. S oinzig, was mr do dezue ifalle duet, isch, dass minne alemannische Leffl des au gonz ondersch höre kennte: »Hätsch-Foh«, also »hätsch e Fond!« Odder besser gsait: Wenn dr ebs hätsch, no dätsch au könne! Aber wemm mr nix het, no kommer halt au nimme. Un schu gar nit no meh ho! Do dien doch di Oberschlaule der Nation, gruusige Gneilefeiz un Schnellschweddser alle mitenenonder (un nit nu vun de Nation, sondern vun de gonze Welt), e Zahlesumpf vorfiehre, dass dr s zum Nokaihe schummrig wurd. Nit nu im Berzel. Des alloi dät jo schu longe, dass dr sage mieschtsch: Ihr hense doch nimme alle im Hennestall. Ich bin gsponnt, wi vill Nulle un Abernulle noch droghengt wäre. Wi vill von denne Nulle noch druffglade wäre mieße, bis s Mäddle gmaiht isch, raddsebutz, un s donn e so godsläschderlich bresand wurd, dass alles was dr noch hesch de Miis pfiffe isch. Heidanaai abber au. »Ein Narr, der das nicht dächte!« *Also, ich kapier s nu e so. Also, was mr jetz grad erläbe isch des: Do isch koi* müde Mark *meh im Gaibiddel, un des wurd donn als e Kredit widdersch gäbe un mit dem Mogelpäckle von dere Kohle, wo aigentlich nit do isch, sahnese ihre Zinse ab, die widder de usglaugt Acker sin fir e naie Gont, uff di widder Zinse druffkhaue wäre fir widder naie Kredite, un so widderscht un so furt. Uff ditsch, also uff fasentsditsch – mir hen jo grad Hoch-Zitte im Städtle gho, d Fünft Johreszitte, also uf fasentsditsch gsait: Du zahlsch fir e Boddel Wi, wo nu noch e Achtele do isch, des dr abber nit kriegsch, sondern acht mol zahle muesch, bis dr d Boddel abzahlt hesch, abber trinke derfsch des Achtele donn erscht, wenn dr nimme läbsch. So uugfähr isches. Do git s nix dro z diddle. Un du bruchsch nitemol driweliere debi. Des duet noch badde. Un donn hesch d Schniddsbrieh und alles isch versaubeideld.*

Oifach mitteni un nit gonz uubache![1] Sei´s drum. Es ist eine Frage des Humors. Auch.

1 Am besten Sie lesen sich den kompletten alemannischen Auftakt dieses Kurz-Essays laut vor. Dann klingt das Alemannische auch Ihnen ins Ohr. Ich würdige diese eigenwillige deutsche Sprache unübersetzt, weil es sie so gibt: Besuchen Sie sie! *S isch e Erläbnis*!

Wer in einer Landschaft geboren und aufgewachsen ist und dort gar noch um seine nachhorchende Dichterklause weiß, wo *s Schwädse*[1] trotz aller inter- und multimedialen Einflüsse die mundartliche Natur weiterhin als genuinen Unterschlupf kennt, der muss *hemmedich*[2] werden, um auch bei abstrakteren Überlegungen anschaulich zu bleiben. Wer in der täglichen Berührung vom straßengesprochenen Wort phantasiegespeist wird und als Dichter *gradnus*[3] vom textschaffenden *Händle*[4] in den sprichwörtlichen Mund überlebt, bei dem sollte auch das explizit und plastisch zu Wort kommen, was in einer Erörterung wie dieser Gegenstand einiger fragmentarischer Schilderungen sein möchte. Nämlich der Dialekt selber. So weit, so gut. Doch auch das landauf und landab disputierte inhaltliche Thema meiner anhebenden Sätze in diesem kleinen Versuch über m:einen Dialekt, das sich schlechterdings in launiger Manier aufdrängt, liegt mehr als betrachtungsnah. *Well dr jo in some Schwarzwalddorf teilbot gonz käp om Läbe dro bisch.*[5] Deshalb hofiere ich den Buchstaben »F« gleich doppelt und skizziere »Fastnacht« und »Finanzkrise« in

1 *s Schwädse* (alem.): Palavern
2 *hemmedich* (alem.): hemdsärmelig; nonchalant; ungezwungen
3 *gradnus* (alem.): ohne Umschweife; unverblümt; offenherzig
4 *e Händle* (alem.): (ein) Händchen (haben)
5 Mögliche Übersetzung aus dem Alemannischen: » …weil man ja in einem derartigen Schwarzwalddorf dem Leben sehr nah (und näher) kommt.« Sprich, ihm sozusagen auf die Pelle rückt. Ganz unanonym.

einem Atemzug. Am liebsten würde ich in dieser Konstellation das Wort »verrückt« auch mit »f« schreiben. Aber das wäre dann doch zu poetisch.

Nichts ist wesenhaft beliebig. Davon bin ich überzeugt. Deshalb ist meine thematische Auswahl keinesfalls grundlos, denn zum Winterausklang waren durchaus zwei nicht zu verleugnende Wirklichkeiten – unabhängig aller sonstigen *Bräschde un Wehwehle*[1] – hier im Badischen früher oder später stets gesprächspräsent, wo und mit wem immer man zusammenkam. Zum einen die bald nicht mehr oder schon nicht mehr nachvollziehbare »Finanzkrise« mit ihrem sich selber Blüten treibenden, dahinmutierenden Fachjargon, andererseits ein alljährlich, im Traditionskalender fest verankertes, wiederkehrendes Narrentreiben, in dem sich *Schämme, Häs* und *Saublooder*[2] bald zu jeder Stunde *guete Morge* oder – die Welt steht traditionell Kopf – *guet Nocht sage*, sprich die »schwäbisch-alemannische Fastnacht«. In meinem Falle, das soll nicht unerwähnt bleiben, *d Fasent Husacher*[3] Couleur. Vielfältig unvorhersehbar, schrill und unlogisch. Nicht ohne Häme heißt es vor der Fastenzeit: *Wer koi Fa-*

1 *Bräschde un Wehwehle* (alem.): die Alltagslast, die man zu tragen hat: allerlei Gebrechlichkeit und Zipperleinchen.

2 *Schämme, Häs un Saublooder* (alem.): Fastnachtsmaske (Holzlarve), Narrenkostüm und Schweinsblase

3 *d Fasent Husacher* Couleur (alem.): Die Fastnacht Hausacher Prägung. Ein Teil der schwäbisch-alemannischen Fastnachtslandschaft und deren Bräuche.

sent mocht, der isch s gonz Johr verruckt![1] – pardon, *ferrückt*!

Fastnacht, also *Fasent,* ist nicht nur Dialekt pur, sondern eine Hoch-Zeit der närrischen Moritatensänger, beispielsweise. Derjenigen, die in meinen Breitengraden *schnurre, wenn s Mull erschd emol ohne Firlefrenzle gweckt woren isch*[2] und andernorts mit ähnlich schräg verhaupteter Eselskappe *strähle*[3]. Ja, es zeugt nicht unbedingt von minderer Erkenntnisqualität für die am gesellschaftlichen Schabernack Beteiligten, wenn die Debatten, die im Allgemeinen aus der Hochsprache bei den mehr oder weniger interessierten Zeitgenossen intellektuell anzudocken suchen, in die sprecheigenen Gepflogenheiten eines Landstrichs (rück)übersetzt oder aus ihrer erdverbundenen Patenschaft dargelegt werden. Allein das Wort »Finanzkrise« – ich gebe es dann aber

1 Übersetzungsvorschlag aus dem Hausacher Dialekt: »Wer an Fastnacht nicht mitmacht, ist das ganze Jahr verrückt.«

2 *Schnurre* (alem.): jemandem einen (närrischen) Spiegel vorhalten. Das Schnurren ist ein jährlich stattfindender alemannischer Fastnachtsbrauch, der in der alten Tradition der Moritatensänger steht, die früher von Dorf zu Dorf ihre Bänkellieder vortrugen. Ganze Gruppen oder Einzelpersonen ziehen beim Schnurren von Kneipe zu Kneipe und nehmen das Dorfgeschehen und das Missgeschick ihrer Einwohner aufs Korn. Wer »schnurrt«, sagt ohne Umschweife, doch immer mit einer Prise Humor, was gesagt bzw. erzählt werden muss. Natürlich versteckt sich die Wahrheit dabei unter einer Eselskappe: *schnurre, wenn s Mull erschd emol ohne Firlefrenzle gweckt woren isch* (alem.): »Schnurren, wenn der Mund ohne großes Drumherumgerede geweckt wurde wie andernorts der närrische Schalk.«

3 *strähle* (alem.): Synonym von *schnurren*

doch zu – lässt sich nicht ohne weiteres ins Alemannische übersetzen. Lexikalisch wohlbemerkt. Ich kenne keinen rein dialektalen Ausdruck dafür. Auch wenn manch einer *schu in Gont kummen isch*[1], der seine Schätze nicht zu hüten wusste. Da hat es die Poesie einfacher. Getrude Steins Verszeile »a rose is a rose is a rose« ist im alemannischen Nachoriginal rhythmischer aufgehoben als in der hochsprachlichen Version: »e Ros isch e Ros isch e Ros«[2]. Es hat folglich seinen Reiz, zwischen der Schriftsprache und dem Dialekt hin und her zu pendeln. Obschon auch Zweifel ihren Platz haben dürfen. Inwiefern, d.h. *wi witt* (oder *wi käp*)[3] kann ich Inhalte aus einer auf Konventionen beruhenden Sprachkultur in jene andere übertragen, die sich immer wieder von neuem ins Alte verwächst? Wo stoße ich an meine und an ihre Grenzen?

Aber bleiben wir bei den Anfängen. Bei meinen sprachlichen Beg:innen. Ich kehre gern zurück und suche – Nostalgietrunkener und Melancholiker, der ich hin und wieder auch gerne bin – bilderreich auf, was ich als *Bue erläbt hon*[4]. Denken und Fühlen im Spaziergang durch eine alemannisch-andalusische Kindheit, die auf den ersten Blick so furchtbar abgelegen scheint und

1 *in Gont kumme* (alem.): sich verschulden und aufs Pfandleihaus angewiesen sein

2 »Eine Rose ist eine Rose ist eine Rose«

3 *wi wit* … oder *wi käp* (alem.): wie weit oder wie nah

4 was ich als *Bue erläbt hon* (alem.): was ich als kleiner Junge erlebt habe.

dennoch bei genauerem Hinsehen schelmisch wach und bisweilen nicht ohne spitzbübisches Augenzwinkern aus dem Erwachsenenalter hervorblinzelt. Auch zur *Fasent* und mit altem Brauch. Das überlieferte, in manch historischen Epochen zeitweilig verbotene Rügerecht des Narren hatte ich früh erprobt. Dabei kamen diesem Spiegelvorhalten dialektaler Prägung immer zwei Dinge zu gute. Der nahezu nicht oder kaum auftretende Imperfekt. (Das Präteritum – lat. *Praeteritum:* »das Vorhergegangene« – oft auch als Imperfekt bezeichnet, ist die Vergangenheitsform, die abgeschlossene Ereignisse beschreibt. Nicht nur im Deutschen. *Ich lief, du lachtest* oder *es regnete* sind Beispiele für Verben im Präteritum, so gibt nicht nur Wikipedia Auskunft). Der Imperfekt fehlt in meiner *Muedersproch*[1]. Sie bevorzugt ein kontinuierlicheres Perfekt als grammatikalisches Zeitmaß und offenbart deshalb konsequenterweise eine andere Wahrnehmung des Vergangenen in der Gegenwart und einen nicht abgeschlossenen Einfluss auf sie. Das wäre fast schon eine philosophische Kontemplation wert. Es ist ein folgenreicher Unterschied, ob ich *war* oder *gsi* und *gwä* bin[2]. Vielleicht sind daher auch Traditionen ungebrochener präsent als im abgelegten Gestern des hochsprachlichen Präteritums. *Un wo ich schu debii bin*[3], darf ich einen zweiten We-

1 *Muedersproch* (alem.): Muttersprache
2 *gsi, gwä* (alem. / schwäb.): gewesen
3 *un wo ich schu debii bin* (alem.): und wenn ich schon dabei bin

senszug auch noch kurz anführen, der sofort ins Ohr springt. Ein Charakter der dialektalen Sprache, den ich niemals als Verniedlichung bezeichnen, vielmehr einer mitfühlenden Demutshaltung gleichsetzen würde. Ob jemand sein Haus verloren hat oder *si Hiisle*[1] spricht Bände.

Was gschnurrt wurd isch wohr, un was wohr isch wurd gschnurrt![2] In die Feinheiten der *Wohret*[3] einzutauchen, um die Zwischentöne herzuhören, verlangt buchstäblich und notwendigerweise eine gewisse Schollen-Vertrautheit oder *de kloine Kaib odder de Kumm-du-mir-nu-hoim-Latsche*[4] des Beobachtenden. Das öffnet Türen ins Ungesagte und prescht in die filigransten (Selbst-) Erkenntnisse vor. Und wo könnte man diese Türen besser finden und das Dahinterliegende intensiver aufstöbern, wenn nicht im Gedächtnis an die einst dialektheimisch geschnürten Kinderschuhe und rund um die ersten Gehversuche in die Weltwahrnehmung von Sprache(n)? Jenes *Krabble, Dappe, Schlorpe, Nohkaie, Uffstuh un Devuwetze*[5] – nicht Abhauen – war bei mir

---

1 *si Hiisle* (alem.): sein Häuschen

2 *Was gschnurrt wurd isch wohr, un was wohr isch wurd gschnurrt!* (alem.): Was wahr ist wird geschnurrt und was geschnurrt wird, ist wahr. Alemannischer Fastnachtsbrauch; jemandem den Spiegel vorhalten

3 *Wohret* (alem.): Wahrheit

4 *de kloine Kaib odder de Kumm-du-mir-nu-hoim-Latsche* (alem.): ein Spitzbube oder ein »Komm-du-mir-nur-nach-Hause-Trottel«

5 *Krabble, Dappe, Schlorpe, Nohkaie, Uffstuh un Devuwetze* (alem.): Krabbeln, Tappen, Schlurfen, Hinfallen, Aufstehen und Davonrennen

zumindest, neben den andalusischen Bündeln aus Redewendungen und Sprichwörtern, im Kinzigtäler Alemannisch wie ein Gastgeschenk. Gepaart mit einer gehörigen Portion *Wälder-Wunderfitz*[1], dem nichts verborgen blieb und dessen Fundstücke deshalb bildpoetisch werden mussten. Nicht nur im Entdecken der sprechbuckligen Unberechenbarkeit, *wi e alde Katzerolle jault*[2], sondern auch im filigranen *Ohrläpple-Zittere*[3]. Die W:orte hinter dem Wort erzählen Geschichten.

Ich erinnere mich sehr gut daran, dass ich zum ersten Mal ins mehrfach wundernde Sprach-Grübeln kam, d.h. über die Bedeutung der W:orte nachdachte, als ich, Ministrant und Sternsinger, inbrünstig einem imaginären König Balthasar mit Stolz und Krone die missionarische Bettelstimme lieh und auf einem der *hinderschde Buurehöf*[4] in einem Hausacher Seitental plötzlich um eine spontane Antwort verlegen war, weil mich die Bäuerin beim Speckvesper, um keinen Deut *unwunderfitziger wi ich*[5], gefragt hatte: *Un, Balthasar, wi sait mr Aich zum Gschlächt?*[6] Ich fühlte mich ertappt. Natürlich konnte sie mit meinem für ein Schwarzwaldseitental eher exotischem klingenden Nachnamen recht wenig anfangen,

1 *Wälder-Wunderfitz* (alem.): Ein neugieriger Schlaumeier, der im Wald zu Hause ist

2 *wi e alde Katzerolle jault* (alem.): wie ein alter Kater, der rallig kreischt

3 *Ohrläpple-Zittere* (alem.): Ohrläppchenzittern

4 *hinderschde Buurehöf* (alem.): entlegenste Gehöfte

5 *unwunderfitziger wi ich* (alem.): nicht so neugierig wie ich

6 *Un, Balthasar, wi sait mr Aich zum Gschlächt?* (alem.): Und, Baltasar, wie lautet Ihr Familienname?

geschweige denn, dass sie ihn auszusprechen vermochte: Agüera Oliver (mit gerolltem spanischen »r«). Erst nachdem ich ihr die Straße genannt, in der meine Familie und ich seit den frühen sechziger Jahren wohnten und lebten und *s Gschlächt*[1] des eigentlichen Hausherren preisgegeben hatte, erwiderte sie zufrieden: *Ah, dirt dunde isch also sinne Hoimet*![2]

Schon auf dem Nachhauseweg dämmerte mir, dass man für den Nachnamen ebenso gültig den ansonsten anderweitig verwendeten Begriff »Gschlächt« benutzen und dass das Haus, in dem man lebte und das im übertragenen Sinne eine Art Schicksalsgehöft darstellte, h:erdverbunden als »Heimat« bezeichnet werden konnte. Ganz nebenbei erfuhr ich aus dem kurzen Zwiegespräch aber auch, wie elegant ein »Du« und das fremdhöfliche »Sie« in der direkten Ansprache mit einem distanziert wohlwollenden »Ihr« oder »Euch« zur Möglichkeit wurde, einen Zwischenton zu wählen, ohne das Selbstwertgefühl des Heranwachsenden anzutasten. *Wi goht´s ihm e so? Mr het schu long nix meh vonem ghört*![3]

Es hat etwas Spielerisches, wenn man sich selber als ein »Er« gegenübersteht und das »Ich« schnurstracks in

---

1 *s Gschlächt* (alem.): Nachname; Familienname.

2 *Ah, dirt dunde isch also sinne Hoimet*! (alem.): Ah, dort unten (gemeint ist das Tal) sind Sie also zu Hause. *Dirt dunde* bezog sich in meinem Falle aber auch auf den Ortsteil Hausach-Dorf im Gegensatz zum *Städtle*, der Stadtmitte.

3 *Wi goht´s ihm e so? Mr het schu long nix meh vonem ghört*! (alem.): Wie geht es ihm (Ihnen)? Man hat ja schon lange nichts mehr von ihm (Ihnen) gehört.

ein »Er« münden lassen darf oder umgekehrt. Ein »Er«, der unversehens »Ich« wird. Am schönsten allerdings verzwirbeln sich ein »Er« und ein »Ich«, die sich beide aufmachen, nichts miteinander zu tun haben zu wollen, und doch eins werden oder sind. Welch schön inspirierendes Spiel um Fremdheit, Nähe und Komplizenschaft.

Dürfte ich heute auf die Frage aus jenen Tagen antworten, als ich nur wenige Monate vor dem 13. Lebensjahr stand, dann würde ich prompt und ganz ohne Umschweife entgegnen: Es geht *ihm* gut. Auch mit und im Dialekt. *Ich*, das bin auch *Er*. Derjenige, der sich offenen Ohres auf das Abenteuer eingelassen hatte, nicht nur die Mundart an einem Schnittpunkt zwischen Nord- und Südschwarzwald zu erkunden, sondern der auch dem Gesagten insofern sein Gehör zu schenken gedachte, als er fortan immer genauer wissen wollte, was sich in der Botschaft der Worte und Sätze zuträgt. Jene Balthasar-Stunden sind mir geblieben. In der einen Hand die Balz um Sprache, die ihn erdig umgab, und die *Lieb* zum Dialekt und seiner oft mundschroffen Schönheit. Ein Heimatgefühl greifbarer Offenbarung, in der die Ausdrücke *on oinen noschlupfe*[1] oder an die man *nopfuddle*[2] konnte und kann, wie man sich an die Wärme eines Kachelofens schmiegt. In der anderen Hand die Fragen, die sich aus dieser Zuneigung herauskristallisierten und sich nach wie vor aufblitzend einstellen. Wenngleich es seinerzeit

1 *on oinen noschlupfe* (alem.): sich bei jemandem einkuscheln

2 *nopfuddle* (alem.): sich anschmiegen

zunächst nur die vermeintliche Hochsprache war, die meine ersten Überlegungen zu Grund, Motiv und Ziel der W:orte herausforderte, will sagen *oagstachelt het*[1].

Das Amt des Sternsingers war nicht nur deshalb ein von allen Gottesdienern heiß begehrtes und eine erstrebenswerte Ehr im Zuge der sich immer stärker einstellenden Gewissheiten, endlich zu den Erwachseneren zählen zu dürfen, sondern auch eine willkommene Abwechslung, im eher bescheidenen Alltag und dessen streng rationierten Möglichkeiten am Konsum der aufkommenden Supermarktevents teilzunehmen, weil wir abends auf beinahe jedem Hof zünftig *un buuregaschdlich*[2] verwöhnt wurden. *Ihr hen doch bschdimmt Hunger und Durscht, wenn r so wit laufe miese – un des viile Singe! So schee henners gmocht!*[3] Und *ums Rumgugge*[4] war der Tisch unter dem Herrgottswinkel in *de Stubb* oder in *de Kuche*[5] für uns *Städtlebuebe* reichlich gedeckt. Für jeden e *Bräddle*[6] und *Hoseträgerschpeck* vom Feinsten, mit *Bluet- un Läwwerwurscht – alles selber gmetzget – un Buurebrot*[7]

1 *oagstachelt het* (alem.): angestachelt hat

2 *un buuregaschdlich* (alem.): gastfreundlich wie die Bauern

3 *Ihr hen doch bschdimmt Hunger und Durscht, wenn r so wit laufe miese – un des viile Singe! So schee henners gmocht* (alem.): Ihr habt doch sicherlich Hunger und Durst, wo ihr solch große Wegstrecken zurücklegen müsst – und dazu das viele Singen! Ihr habt so schön gesungen.

4 *ums Rumgugge* (alem.): im Nu, unversehens

5 *Kuche* (alem.): Küche

6 *Bräddle* (alem.): Vesperbrett (aus Holz)

7 *Hoseträgerschpeck* (alem.): Speck. Im Vergleich zum Schwarzwälder Schinken ein mit Fettstreifen durchwachsener marmorierter Bauch-

in dicken Scheiben. *Obedruff e Biibeleskäs* oder *e Hunnigstricher*[1]. Je nach Geschmack und Laune. Natürlich wurde uns *Buebe* auch das *Gläsle Mosch*[2] nicht vorenthalten und zum Königsfestmahl kredenzt. Mit einem verschmitzten Lächeln und der unausgesprochenen Ermahnung: aber ja nicht zu viel des Guten. Obschon, ein Glas in Ehren … Und danach sangen wir drei Könige umso ergriffener. Auch wenn es dem Herrn Pfarrer nicht uneingeschränkt geistlich mundete, wenn wir Ochs und *Buureöchsle*[3] verwechselt hatten. Das wäre freilich ein anderer Bericht aus jenen Tagen und bestimmt nicht minder ertragreich als die Spenden, die wir ersungen hatten. Auf den Höfen also Speis und Trank, eine schmackhaft-lukullische Brotzeit, die man nicht jeden Tag kosten konnte, und obendrein auch noch *e Blaschdiggugg*[4] voll Äpfel, Orangen, Süßigkeiten und Schokolade. Ein Schatz an kindsersehnten Schlemmereien, die wir zwischen Neujahr und Dreikönig wie eine Abenteuerbeute nach Hause

---

speck). Hosenträgerspeck vom Feinsten, mit Blut- und Leberwurst – alles aus eigener Schlachtung – und Bauernbrot.

1 *Obedruff e Biibeleskäs* oder *e Hunnigstricher* (alem.): und zum Abschluss eine Portion Frischkäse oder ein Honigbrot

2 *Gläsle Mosch* (alem.): Ein Gläschen Apfelmost, in manchen Gegenden werden auch Mostbirnen hinzugegeben. Unser Most zu Hause war in aller Regel ein oft saures Gemisch aus Äpfeln und Birnen. Alles, was die Streuobstwiese hergab, wurde eingemaischt und zur Gärung freigegeben.

3 *Buureöchsle* (alem.): Bauern-Öchsle (Maßeinheit für das spezifische Gewicht des Mostes. Bei uns jugendlichen Sternsingern wog der Most von Glas zu Glas natürlich schwerer).

4 *e Blaschdiggugg* (alem.): eine Plastiktüte

schleppten. In jedem König haust doch auch immer ein Pirat. Und sei er noch so schwarzwälderisch. Alles war auf jenen christlichen Exkursionen *mit Leib un Seel oi Onkebutter*[1]. Wäre da nicht, ja wäre da nicht das Königs-Lied gewesen, das mich nach den elementaren Sprach- und Sprecherfahrungen im Dialektrevier der Hausacher Seitentäler irgendwann sinnieren machen sollte. *Nit nu e bissle. E großes Bissle*[2].

Unsere morgenländische Phantasieverkleidung machte den tönenden Eifer, der uns erfüllte, von Haus zu Haus intensiver. Königshäser[3] der Superlative, so dass die Aufmachung, mit der wir um milde Gaben baten, die Stimmen allein mit ihrer Maskerade adelte. Meistens sangen wir für Hilfsprojekte von Ordensschwestern und -brüdern im unvorstellbar weit entfernten Afrika. Manchmal für Orte in Asien, die wir genausowenig geographisch fixieren konnten. Und dennoch waren uns die geweihten Boten des Katholischen allesamt heilige Frauen und Männer, die zudem – das hatte

---

1 mit *Leib un Seel oi Onkebutter* (alem.): mit Leib und Seele eins. (*Oi Onkebutter* bedeutet: unzertrennlich. Im Schwarzwald hieß die ausgelassene Butter »Anken«. Durch Erhitzen wird der Butter das Wasser entzogen. Der Schaum wird abgeschöpft, das klare Fett bleibt. Letzteres wurde auch als Kochfett verwendet. Wenn der Topf samt Inhalt abkühlt, setzt sich das (restliche) Wasser ab. Voneinander unterschieden und doch nicht (getrennt). Die Ankenbutter wurde in »Ankenhäfen« aufbewahrt und der dunkle Satz war ein beliebter Brotaufstrich.

2 *Nit nu e bissle. E großes Bissle* (alem.): nicht nur ein wenig. Mehr als nur ein wenig.

3 Königshäser: Phantasiekostüme der Heiligen Drei Könige (aus dem Morgenland)

man uns auf die abendlichen Pilgerwege mitgegeben – von den verstreuten Höfen der Hausacher Seitentäler stammten. Und Afrika und Asien hatten plötzlich auch im Kinzigtal eine Bedeutung. Deshalb wurden wir auch nicht müde, unsere Sangeskünste in den guten Dienst zu stellen: Kaspar, Melchior und Balthasar. Wir schmetterten die Strophen oft schon Hunderte von Metern vor den nur spärlich erleuchteten *Buurehef*[1], um die Kettenhunde rechtzeitig auf uns aufmerksam zu machen. Von Angst wollte dabei natürlich nicht einer der Kindskönige sprechen. Das wäre den geheimnisvollen Pfaden ins Erwachsenwerden nicht wirklich zuträglich gewesen. Und so hörte man uns von weither schon um den Begleitschutz des Hofbauern *heische*[2], d.h. jauchzen und frohlocken.

Die Weisen, die wir dabei sangen, waren altbekannt und hatten durchaus Tradition: »Ich Melchior, ich trage von Gold eine Kron, die schenk ich dem Kinde, dem göttlichen Sohn.« Das ging ja noch in meinen Kopf.

---

1 *Buurehef* (alem.): Bauernhöfe

2 *heische* (alem.): (Gaben) fordern oder erbetteln. Vor allem die Kinder ziehen durch die Straßen von Haus zu Haus und bitten um Gaben. Dabei sagen sie Heischeverse auf oder singen Heischelieder. Die Sternsinger erbitten Gaben für die (katholische) Mission. Auch an Fastnacht gibt es Haischebräuche. In Hausach die *Katzenmusik*. Der Vers, der dabei gesungen wird lautet: »De *Maier* (beispielsweise, A.d. V.) sott läbe un sott uns ebbis gäbe!« (»*Der* Maier, der soll leben und soll uns etwas geben!« Wird die Bitte erfüllt, dann kommt der Dankesspruch: »De Maier isch e guete Moa, mr siht s m schu om Schnurrbart oa!« (»*Der* Maier ist ein guter Mann, man sieht´s ihm schon am Schnurrbart an!«)

Doch dann wurde es flugs seltsamer. Ein rätselhaftes Lichtbekunden. Immer dann nämlich, wenn König Kaspar anhob, seine Strophe zum Besten zu geben: »Ich, Kaspar, ich habe ein schwarzes Gesicht, doch drinnen im Herzen ist Weihnacht und Licht!« Schließlich gab Balthasar den zusehends fragwürdiger anmutenden Inhalten mit erhabener Stimme den Ritterschlag – »Ich bin von uns dreien der Balthasar, ich sage Euch offen, das Geld ist so rar!« indem er die Steilvorlage bot für die melodiöse Krönung unserer morgenländisch missionarischen Bitte: »Drum spendet ein Scherflein und legt es hinein, es wird eine Hilfe im Heidenland sein.« Da hätte des Sängers Höflichkeit besser geschwiegen. Diese Sätze, das wurde mir eines Abends während der Gesangseinlagen schlagartig klar, waren von den einstigen Verfassern wohl so und nur so beabsichtigt. Der Groschen war gefallen. Kein schlechter Faschingsscherz, kein sündiger Versprecher. Eine feste Überzeugung, die wir zwar nachsangen, von deren Tragweite wir aber nicht den blassesten Schimmer hatten. Die Kreditwürdigkeit der Worte begann zu schrumpfen.

Sprachsensibilisiert wie ich war, sollte kein weiterer Tag vergehen, bis mir eine innere Stimme gebot, gegen das »doch«, das Kaspar in den Mund gelegt worden war, vehement aufzubegehren. Wie konnte man das nur sagen »doch drinnen im Herzen ist Weihnacht und Licht? … Ein schwarzes Gesicht, doch drinnen im Herzen ist Weihnacht und Licht!« Die Zeile sprach Geschichte. Noch in einer der darauffolgenden Nächte setzte ich mich dran, das Lied umzuschreiben. *Heidenai, des goht oifach net!*[1]

Die eigene Sprache zu entdecken, und ich bezeichne deshalb auch einen Dialekt als Eigensprache, bedeutet immer auch sich die Aussagen bewusst vor Augen zu führen, die in ihr getroffen werden, die sie überliefern und deren Reichweite nicht mehr wahrgenommen wird. Auf diese Art und Weise entdecke ich sowohl die Hochsprache als auch den Dialekt noch heute immer wieder von neuem und lerne in ihnen *Krabble, Dappe, Schlorpe, Nohkaie, Uffstuh un Devuwetze*[2] – nicht aber vor ihnen zu fliehen.

Fürwahr ein Trost, dass die königsdunklen Verse der göttlichen Ausgrenzung nicht auf alemannisch gedichtet worden waren. Auch das ist mir als eine Stärke meines Dialektes geblieben. Die Hochsprache ist im Dialekt *monchmal wirklich* e *Riigschmeckte. Ob on de Fasent odder wenn dr in Gont kunnsch.*[3]

---

1 *Heidenai, des goht oifach net* (alem.): Herr Je(sus)! Das ist schlichtweg unmöglich! Es gibt Sprachforscher, die diesen Begriff des Erstaunens, des Unwillens oder gar des Fluchens auf das Wort »Heide« (Ungläubiger) zurückführen. Andere wiederum halten es für eine verkappte Form des Wortes »Heiland«. Bei uns Kinder ist der Kraftausdruck als Fluch geahndet worden, und wenn wir ihn gebrauchten, wurden wir stets aufs Schärfste ermahnt. Auch wenn ihn die Erwachsenen so selbstverständlich gebrauchten wie das Amen in der Kirche.

2 *Krabble, Dappe, Schlorpe, Nohkaie, Uffstuh un Devuwetze* (alem.): Krabbeln, Tappen, Schlurfen, Hinfallen, Aufstehen und Davonrennen.

3 *monchmal wirklich* e *Riigschmeckte. Ob on de Fasent odder wenn dr in Gont kunnsch* (alem.): manchmal wirklich ein Fremdling, sei es an der Fastnacht oder sei es, wenn du dein Hab und Gut verpfänden musst.

Kurzer Brief aus der W:ortenau

Literatur und in ihr die Poesie laden den Leser ein wie Landschaften den neugierigen Wanderer. Schier idyllisch die einen, undurchdringlich rätselhaft die anderen. Doch Landschaft ist auch Aufbegehren, Aufruhr. Das habe ich von Großvater gelernt. Großvater sagte: *coraje*[1] und meinte »!Hay que tener coraje en la vida!«[2]

Wäre das auf Fremddeutsch mit Courage zu übersetzen? »Hab Courage im Leben!«? Gar »Hab Mutter Courage«? Grimmelshausen würde wohl in barocken Zügen *Courasche* notieren, wenn ich ihn befragte.

Nicht nur Bertolt Brecht, auch dem »Treffen in Telgte«[3] und der folgenguten Inspiration eines Günter Grass

---

1 *coraje* (span.): Mut

2 !*Hay que tener coraje en la vida*! (span.): Man muss mutig sein im Leben!

3 Titel einer Erzählung von Günter Grass aus dem Jahre 1979. Sie handelt von einem Schriftstellertreffen gegen Ende des dreißigjährigen Krieges. Einer der bei dem fiktiven Treffen versammelten 21 Schrift-

sollte der lebenswilde Biograph des menschgemachten Sensenmannes, Hans Jakob Christoffel, dem späteren Schultheiß von Renchen, Pate stehen. Literatur ist immer auch ein Zusammenhängendes der Welt, wenn diese ins Monströse ausfranst. Die Grass'sche Blechtrommel hallt bis in den Dreißigjährigen Krieg zurück und mahnt, nicht minder Fenster sprengend, ins Heute, wo es um den geifernden Fieberwahn von Kriegen geht. Schreiben heißt also »Courage«, so meine ich. Oder sollte bei der Verdichtung von *coraje* doch eher auf das Wort »Mut« zurückgegriffen werden? Mut, mit einem ungebeugten, nicht verdrehten Rückgrat ins Rebellische und Widerständische? Am besten, man dächte in der Offenburger Gaststätte »Salmen« darüber nach. Dem Ort der Geschichte per se in der Ortenau. Ein Wirtshaus, in dem zwischen den freiheitlichen Forderungen vom September 1847 und der barbarischen Kristallnacht am 9. November 1938 keine hundert Jahre vergehen sollten. Und käme man dort im »Großen Saal der Demokratie« mit den Entscheidungen ins Wort nicht weiter, dann könnte man ja immer noch einen Abstecher nach Oberkirch-Gaisbach ins Gasthaus »Silberner Stern« wagen. Auch dort ist Raum jenseits der Uhr, um

steller, das Grass in das Jahr 1647 legt, ist Hans Jakob Christoffel von Grimmelshausen. Der Barockdichter, dessen bedeutendster Roman »Der abenteuerliche Simplicissimus Teutsch« ist, wurde in Gelnhausen (heute Hessen) geboren, starb jedoch in Renchen in der Ortenau, wo er, nachdem er zunächst in Gaisbach im Renchtal eine Gastwirtschaft betrieben hatte, eine Stelle als Schultheiß inne hatte.

über Sprachw:erdung und Literatur und – Grimmelshausen lädt ein – auch über Afghanistan nachzudenken.

Von meinem Großvater, dem alten Seelöwen unserer Familie, dessen Heimathafen im andalusischen Málaga lag – Großvater war Fischer, Kapitän und während der spanischen Bürgerkriegsjahre anarchisch republikanischer Schmuggler gegen den Hunger, besitze ich heute noch eine in Leder gebundene Gesamtausgabe von Don Miguel de Cervantes y Saavedra, die mich in jungen Jahren bereits meinen eigenen Don Quijote entdecken hieß. Nicht nur ihn. Auch seinen Knappen Sancho und Rosinante, das einnehmend zerbrechliche Pegasus-Geschöpf der Hoffnungskomplizen und einsamen Windmühlenkämpen. Seither üben Kleppergäule, Brotbeutel *un Versperzitte*[1] mit Speck, Wurst und Zwiebeln eine ackerverleibte Faszination auf mich aus. Von ihm, dem Ritter der traurigen Gestalt, bis hin zum überbordend gewitzten und launisch-naiv getriebenen »Abentheuerlichen Simplicissimus Teutsch« und damit nach Offenburg, Gaisbach und besagtem Renchen ist es nur ein schelmischer Trab für den Vaganten, der entdecken und nachsinnen will. Cervantes und Grimmelshausen, zwei kriegsversehrte Seelen, Rebellen, Visionäre und Träumer kommen sich auch über Grenzen nahe, indem sie üppig kompromisslos benennen, weil sie mit Wörter-

1 *Versperzitte* (alem.): Zeit des Abendbrotes; Vesperzeit. Im Sommer kurz nach 18 Uhr, im Winter zwischen 16 und 16:30 Uhr. Das war natürlich eine Herausforderung für eine Familie, die aus Südspanien kam und bei der um 16.30 Uhr kaum das Mittagessen zu Ende war …

hand erzählen, was Mord- und Totschlag anrichten müssen.

Themen kommen nicht von ungefähr, und hin und wieder frage ich mich, wie Bertolt Brecht wohl manchen seiner Ferientage erlebt haben mag, wenn er bei seinen Großeltern in Achern weilte und irgendwann aus seiner Erinnerung Verszeilen entstanden, als seien sie vom Glasmännlein höchstselber: »Die schwarzen Wälder aufwärts / In das nackte böse Gestein / Es wachsen schwarze Wälder / bis in den kahlen Himmel hinein.«[1] Oder Scheffel. Dessen Großvater, der in der ehemals freien Reichstadt Gengenbach kein Namenloser war, in einem heimisch gefassten Fachwerkhaus sein Dasein behüten sollte und gütlich pflegte. Aufgeräumtes, Geordnetes auch in dieser schmucken Enklave, das den Widerspruch geradezu aufs Vortrefflichste provozieren oder verhindern könnte. So schreibe ich denn Br:echt und reiche mit dieser Interpunktion, nicht ganz absichtslos, eine poetisch-biographische Schneise in die Fragen der so genannten Nachgeborenen. Auch das Geheimnis der Sprache öffnet dem Gast, der sich ihr zu widmen weiß, Täler ins Weite und Weitere.

Zugegeben, das mit Brecht und »echt« mag einigen zu verquer daherkommen, aber ich liebe sie einfach, die Wortspielereien und Experimente, weil sie mich unver-

1 Das Gedicht Bertolt Brechts »Vom armen B.B.« erinnert die Gegend um die Hornisgrinde, dem höchsten Berg des Nordschwarzwaldes (1163 m).

hofft in phantastischere Territorien und literarisch üppige Grenzregionen führen. Ein Doppelpunkt – auch im Wort selber – lässt einen wundersam innehalten und schauen und nicht wenig staunen.

W:ortenau wäre ein solcher Ausdruck ins Heutige. Ganz anders als die nicht minder beflügelnde keltische Herkunft des Wortes, die über *Moridunum* zu einer im Jahr 768 entstehenden Gaugrafschaft führte und sich den Namen *Mortenau* (*Mordenaugia*) zueignete. Rhein, Murg, Bleich und Oos als geographische Grenzwasser und den Schwarzwald im Rücken. So könnte man die Ausbreitung umfließen lassen. Mit dem Schwarzwald im Inneren wird´s dann doch ein wenig dunkler, sprich sagenhaft und tannenträchtig. Ein Rücken folglich, der sich dreht, je nachdem, wie die Landschaft betrachtet sein will. Vielleicht könnte man deshalb sogar sagen: Nicht den Schwarzwald, sondern einen Schwarzwaldkamm am Hinterkopf fassend, wenn von der Ortenau gen Kinzigtal aufwärts die Rede ist; das »Kalte Herz«[1] nur ahnend, wo schon Ernest Hemingway nichts wirklich Wohlwollendes verfasste, als er von »schmutzigen Gasthöfen« depeschierte und der Vorliebe ihrer Eigentümer, diese Menschentränken »Rössle« zu nennen. Ach, Rosinante! Vielleicht für einen literarischen Großwildjäger

---

1 Märchen von Wilhelm Hauff (1827 in seinem »Märchenalmanach auf das Jahr 1828«). Peter Munks Vers »Schatzhauser im grünen Tannenwald, bist schon viel hundert Jahre alt. Dir gehört all Land, wo Tannen stehn – lässt dich nur Sonntagskindern sehn«, das er dem Glasmännlein zuruft, damit dieser ihm drei Wünsche erfülle, war als Kind einer meiner Lieblingssprüche.

auch verständlich, der sich mit einer Mentalität, die sowohl der Sütterlinschrift als auch dem Biedermeier den Namen gab, schwer tun musste. Zwischen abgelegenen Gehöften, Kapellen und Streuobstwiesen, mediterranen Auen und Reben das richtige Wort zu finden, ist eine Bürde. Nur die Forelle kommt bei Ernest H. vergleichsweise gut weg. Und bestimmt nicht deshalb, weil er sich in den »Drei Schneeballen« in Hofstetten eine »Müllerin« oder »Forelle Blau« bestellt und beim Schwarzwaldchronisten Heinrich Hansjakob nachgeblättert hätte. Dann wäre ihm vielleicht mehr gelungen als nur die grenzenlose Stereotype: »Arbeiter in Unterhemd und Hosenträgern schneiden mit dem Taschenmesser ganze Kanten von dem Schwarzbrot ab und spülen es mit dem sauren Wein hinunter. Die Deckenbalken sind schwarz von Rauch. Die Hühner scharren im Vorgarten und der Misthaufen dampft unter den Schlafzimmerfenstern. Das ›Rössle‹, in dem wir einkehrten, verfügte über alle diese Vorzüge, und über einige mehr.« Da war Twain schon anders, landschaftsentschleunigter, so dass er um einiges versöhnter – Huckleberry lässt grüßen – vom behaglich wonnevollen Menschennest fabuliert. Eine Region voller Menschennester also, bleiben wir bei Twain, von der Sebastian Münster zu berichten wusste: »Es ist ein klein, aber ganz fruchtbar Ländlin, darin gut Wein und ziemlich Korn wechst.« Das lädt natürlich ein. Orte, die W:orte entstehen lassen. Auch oder gerade in der Ortenau.

Einmal, Mitte der sechziger Jahre, besuchte Großvater uns im Schwarzwald. Vom blauen Meer ins grüne. Der

Wassermensch traf auf den Baum. Jeden Tag zog es ihn auf die sanften Hügel oder die Steilhänge des »Kinzigertales«, dem ureigenen Flüsterton der Natur auf der Fährte, um in jene angedeuteten Geschichten einzutauchen, die, im Lautgedächtnis der Wälder verborgen, ein aufmerksames Ohr suchen. »Der See nicht unähnlich« – so höre ich ihn noch heute sagen. Was ihn am meisten faszinierte und wovon er in Spanien immer wieder begeistert erzählte, wenn wir unseren alljährlichen Sommerurlaub bei ihm verbrachten, waren die Abfallkörbe. »Den Schwarzwald müsst ihr euch so vorstellen«, sagte er, »selbst an völlig abgelegenen Stellen stehen Abfalleimer.«

Wenn man schreibt – so will ich behaupten –, sind Papierkörbe mindestens genau so wichtig wie die weißen Blätter, die den Schreibenden stetig ins Unbekannte einladen. Was übrig bleibt, ist manchmal Literatur.

Nota bene: »Das ganze Land gleicht einem fetten Rahm auf einer frischen süßen Milch!« wusste der Schriftsteller Wilhelm Heinse im 18. Jahrhundert zu berichten, und aus Nordrach kenne ich den Satz: »Wi wemmr Spätzleteig on de Fieß hätt!«[1] Auch so bew:ortet sich Zeit. Irgendwo dazwischen liegt wohl das Geheimnis dieser Landschaftsvielfalt der W:ortenau. Ein poetischer Distrikt, der den Gast immer wieder aufs Neue reizt, einfach nur loszuwandern.

---

1 *Wi wemmr Spätzleteig on de Fieß hätt*! (alem.): Als habe man Spätzleteig an den Füßen!

Vom Grün weithin behauset

Eine Liebeserklärung

Mori-dunum? Wie schrieb doch gleich ein Chronist im frühen 16. Jahrhundert, indem er sich über den Namen keltischen Ursprungs dreist positionierte und – der Verdacht liegt nahe – den Bauernaufständen eher missgünstig denn wohlgesonnen gegenüberstand: »Die Mortnaw, so geheißen, weil dort gar vill Mords- und Diebsgesindel hauset…«.[1] Schlichtweg ein Irrtum, diese Zeitzeugenschaft! Gefehlt, Unbekannter! Sei´s drum. Es darf auch mit diesem Beispiel festgestellt werden: Die Phantasie als Revolutionärin unverblümter Lust am Fabulieren und insgeheimer kreativer Munterkeit behauptet seither ihre sonnendurchfluteten Plätze in dem weithin geschichtlich ausgespannten Landstrich. Vielleicht macht diese Gabe – *s wär e Plaisir*[2] – die Gegend sogar

1 Herleitung eines Chronisten aus dem frühen 16. Jahrhundert. (Quelle: Wikipedia, siehe unter »Ortenau«)

2 *s wär e Plaisir* (alem.): es wäre eine Freude

erst aus. Mit *Wunderfitz* das Neue wagen, dabei – *Momentle!* – s *Hitige*[1] mit einer gesunden Portion Gelassenheit abzuwägen und Künftiges aus und in gemütsversponnener Leidenschaft zu bewahrheiten. Ohne ihre Bräuche aus dem Blick zu verlieren. Die Ortenau ist Bewegung, niemals Stillstand. Allenfalls *e Tröpfle* Einkehr, um jenes Grün tief einzuatmen, das sich ungeniert allerorts bald selber zelebriert und großzügig weiterverschenkt. Als Kind war mir das klar wie Finkensang und wirkt bis heute heiter nach. Ich *schnaig halt furchtbar gern*[2] vom Grün.

Wie damals in den Sechziger und Siebziger Jahren des vorigen Jahrhunderts, als unser stetes Urlaubsziel – wie sollte es auch anders sein – *Andalucía* hieß. Die Eltern waren einst vom Mittelmeer an die Kinzig umgezogen. Wenn wir dann nach den Ferien aus Spanien zurückkehrten im September und die Sehnsucht über den französisch-deutschen Zoll heimgeschmuggelt hatten, wussten wir, dass es von Kehl nur noch ein Katzensprung war, um flussaufwärts anzukommen. Daheim.

In Hausach, wo ich fast täglich meine Schreibklausur erfinde, wohnte ich zunächst im Nord- und dann im Südschwarzwald. Heute mäandert je nach Wasserstand der Kinzig die imaginäre Grenze in mir, die immer auch sprachlich ein Fließendes der Wahrnehmung erzeugt.

---

1 *s Hitige* (alem.): das Heutige; heutzutage
2 Ich *schnaig halt furchtbar gern* (alem.): Ich nasche furchtbar gern.

WOL-Y 78

Hier am schieren Wald der Ortenau ist das Badische nach wie vor ein identitätsumfassendes Begehren, eine selbstbewusste Geisteshaltung, obschon *Hansele un Spättle*[1] durchaus um ihre Mitgliedschaft in der landschaftsübergreifenden Vereinigung schwäbisch-alemannischer Narrenzünfte wissen, Württemberg nicht ohne administrativen Einfluss aus der Ferne aufblüht und sich sage und schreibe 55 Nationalitäten in Hausach die Hände reichen.

Es wäre gelogen, behauptete ich, es sei keine Grenzerfahrung, hier zu leben. *Mori-dunum*! Es ist das Gespür der Ränder. In jeglicher Hinsicht eine Reife aus Eigenheit und Fremde, aus Ab- und Zugewandertem. Das Empfinden, in Nachbarschaften zu werden und mündig handelnde Kopf- und Herzregion sich verändernder Wirklichkeiten zu sein. Ja, die Ortenau ist heuer aufs Vorzüglichste heimisch und wusste sich trotz aller noch

---

1 *Hansele un Spättle.* (alem.): Die beiden traditionellen Hausacher Fastnachtsfiguren. Die ältesten Hausacher Hanselemasken datieren ins 18. Jh. Die Spättlemaske wurde nach dem 2. Weltkrieg aus der närrischen Taufe gehoben. Das Hansele ist eine verschmitzt dreinschauende, schnauzbärtige Schelmenerscheinung. Eine Figur mit einem gelb-roten Mi-Parti-Kostüm zwischen der Darstellung eines mittelalterlichen Hofnarren, Till Eulenspiegels und der Bühnengestalt des Hanswursts. Die Spättle erinnern in ihrer phantasievollen Aufmachung an eine Frauengestalt aus Hausach namens Magdalena (alem.: *Magdelene* oder *Madlee*), die als armselige alte Frau in schäbiger Bauernbluse und mit einem geflickten Rock (*Spatte* sind im Alemannischen Stoffflicken) ihr Dasein fristete. Ihre Maske wurde der »romantischen« Vorstellung eines Hexengesichts nachempfunden. Als Vorbild dienten die »Gengenbacher Hexen«.

so verqueren Kabale und Herrschaftsintrigen europäischer Machtgeschichte(n) und Kriegsgefieber ins Weltoffene zu weiten.

Mori-dunum heißt übrigens »Sumpf-Festung«. Was für eine Metapher für eine Herausforderung nach Morgen, die erdverbunden ein Quäntchen Vorsicht in sich trägt.

Wider die Vereinsamung

Flamenco und Migration oder wie Musik im Alltag zur Komplizin wurde

Der Süden ist eine Wüste, die weint, während sie singt.
Luís Cernuda

Eines vorweg: Flamenco[1] ist innerer Sang, der sich im Äußeren verleibt. Ins Äußerste spannt. In jeder Bewegung Stimme. In jeder Stimme Bewegung. Aussicht aufs Aussichtslose der Ankunft. Im Ankommenden selber die Gewissheit des Verlustes. »Und schaust du zurück, siehst du den Weg, den du nie wieder gehen wirst«, schreibt Antonio Machado, Dichter und wie viele seiner Generation Liebhaber dieser andalusischen Seelenkammer, die Musik wurde. Flamenco, der jahrhundertelang

1 Im wortwörtlichen Sinne: »Flämischer Gesang«. Ich teile in meiner poetischen Auseinandersetzung mit dem »Flamenco« und dem »Cante jondo« eher die Haltung Manuel de Fallas, wenngleich mir die Studien und Forschungsergebnisse des Soziologen Gerhard Steingress in vielerlei Hinsicht einleuchten, wenn er von der Präsenz und Entwicklung des Flamenco ab ca. Mitte des 19. Jahrhunderts als Kunstform und musikalisch-künstlerische Antwort auf die sozialen, politischen und kulturellen Verhältnisse in Andalusien und Europa spricht.

ausschließlich von Zigeunern[1] gesungen und getanzt wurde, ist ein Seufzer, der an sich selbst zerbricht. Eine im Augenblick seiner Passion entstehende Präsenz des Herkünftigen. Flamenco trägt immer die Schuhe der Nomaden auf dem Weg nach Morgen. Diese Schuhe hatten auch unsere Eltern geschultert, als sie nach Deutschland zogen. Barfüßig ihre Gefühle, die Gedanken Achilles-Fersen. Geprägt von der Furcht vor dem Unbekannten und der Wachsamkeit gegenüber jeglicher Form von unterdrückender Macht. Vielleicht verband sie noch dies mit der (spanischen) Geschichte der Zigeuner: die Lebenssehnsucht, den Weg ins Eigene frei gestalten zu dürfen. Dieses Verlangen hatte den Flamenco einst entstehen lassen. Schmerz, Armut, Gram und Zorn, Sehnsucht, Hingabe und Liebe fanden in ihm ihre Zehenspitze Erde …

Es gibt eine Dämmerlinie zwischen Gedächtnis und Wirklichkeit. Und es gibt Schnittstellen des Innehaltens, an denen man sich vergewissern kann, was übrigbleibt.

---

1 Ich verwende den deutschsprachigen Ausdruck »Zigeuner« in einem historisch-lexikalischen Sinne, der im Zusammenhang dieses Essays mit den überlieferten Dokumenten und Texten, auch was die Übersetzung des Wortes »Gitano« aus dem Spanischen anbelangt, nicht durch Roma und Sinti ersetzt wird, weil es sonst nicht mehr der damals »üblichen« Ausdrucksweise entspräche. Die *Gitanos* (vor allem in Andalusien) bezeichneten sich selber auch oft als *Calé*, in Anspielung auf ihre Sprache, das *Caló*. Das Wort Gitano hatte im Spanischen nicht die pejorative Konnotation wie in der deutschen Sprache. Es hatte immer auch für die Gitanos selber eine identitätsstiftende Kraft. Wider die Diskriminierung und Ausgrenzung.

Auf die Frage, weshalb er singe, gab ein *cantaor* – so werden diejenigen genannt, die den Flamenco in seiner entwurzelten Kompromisslosigkeit aufsuchen und intonieren – die spektakulär simple Antwort: »Weil ich an das denke, was ich erlebt habe!« Die Stimme als Tagebuch einer Geschichte. Der eigenen, die einer Familie, eines Dorfes, eines Landstrichs, einer Zugehörigkeit. Und: die Stimme eines Ausgegrenzten. Ich könnte auch sagen, der Unbehauste ist im Seelen-Ohr der eigenen Stimme behaust. Vergangenheit und Vergänglichkeit fallen mir ein. Und Flucht als Obdach. Ich spreche in diesem Zusammenhang gerne von »Vorüberheit«, weil dieser Begriff kein Abgeschlossenes, sondern augenblickliche Bewegung in sich weiß. Vorüberheit, die wird und damit als Lebensform ist; und Wahrnehmung, die davon erzählt. Das sich im Wasser spiegelnde Feuer wäre ein Bild dieser magischen Begegnung: Berührung, die sich nicht berührt.

Hätte ich die Aufgabe, ihn in zwei Zeilen zu skizzieren, stellte ich mir den Flamenco verbildlicht so vor: »Die in den Höhlen hausen, schütten Licht vors Aug«. Federico García Lorca verfasste diese Verszeilen. Und die Gedichte Lorcas sollten es auch sein, deren Rhythmen und Musik ich als Kind aus der Stimme meiner Mutter zum ersten Mal in all ihrer Zärtlichkeit, aber auch in all ihrer tragischen Verzweiflung zu hören glaubte. Verse der Verlorenheit, die gerade deshalb versöhnten. Freilich, ohne seinen Namen zu kennen oder gar zu erahnen, welche Bedeutung er in meinem Leben noch einnehmen würde. Mutter schenkte uns Kindern ein Wiegenlied, das der Dichter auf der Suche nach alten andalusischen Volksweisen aufgestöbert und arrangiert hatte. Wenn Mutter sang, war sie uns in der subtilen Ferne ihres Wesens schönmelancholisch nah. Ein Schmerzweb, von weither angesungen und niemals einzuholen. Wir Kinder hörten hin und hörten nach. Wir hörten uns fort und nahmen so die mitgeschleppten Dörfer an. Wir hörten ihr zu, und Ahnung ins Erschütternde des Liedgeschöpften war das Unwägbare des Exils. Mutter machte sehen. Mit jedem Tonverschmelzen, Tonverzerren, Tonbruch in ihrer Stimme hob sie uns auf. So wurden Tod und Sehnsucht im Klingenscharf der Liebe eins. Eine Stimme, die sich selber Atem wurde und atembrach. Ich hörte einen Flamenco, der viele Augenblicke war in einem: Ungunst und Wegsamkeit der unberechenbaren Pfade – die Erinnerung als Schatten- und Mondlichtfluss – und notgebündelt, die Begehr der Ankunft. Manchmal ist die Bewegung eines Lautes ein Federsanftes der Zusammenhänge und Gewähr der Leichtigkeit. Manchmal die Plötzlichkeit einer Knospe und Erregung ins Lebendige der Farben. Finsternis, die fortbricht. Nacht, die unversehens auftaut. Vagabundierendes, subversives Licht wider die Schatten. Bisweilen einfach nur die stumme Konzentration vor den Dingen, die geschehen. Flamenco ist der ölgetränkte Docht der Not. Aus dem Wildwuchs in der Kraft einer Stimme, die sich nicht beugt, und Duftharz der Vergeblichkeit. Immer Herkunft. Sein Klagesang ist jeweiliger Ruf, der seinen Schrei aus der Geschichte gebiert. Kunst, die in ihrer Intensität brennt, sich verzehrt und doch Zypressen pflanzt. Stille, die sich aufbäumt. Gegenwart. Ritual und Trance. Zügellose Begierde schließlich, die sich die bloße Leidenschaft zurückholt. Früh lernten wir die Namen all der Interpreten auswendig, deren Lieder uns die Eltern anvertrauten, zutrauten. Noch bevor wir lesen konnten. Freitagabends und samstags in der Kulturbaracke der españoles in Hornberg im Schwarzwald – nach Nürnberg das zweitälteste spanische Kulturzentrum in Deutschland – und Sonntag vormittags zu Hause, wenn die Schallplatten aufgelegt wurden. »Niña de La Puebla«[1] – so hieß auch »meine« Sängerin aus Andalusien, die, wie wir wussten, das Augenlicht verloren hatte und deshalb immer mit schwarzer Brille auf die imaginierte Bühne unseres Wohnzimmers trat und deren Texte Mutter verinnerlicht hatte, wie sie Lorca verehrte. Wenn wir uns vorstellten, wie es wohl wäre, all die Erfahrungen zu besingen, die man nicht sehen konnte, sahen wir die Bilder um so intensiver, die Laut und Klang und Text in sich verflochten und bis heute unser Gefühl für den Rhythmus von Weg und Wanderschaft geblieben sind: »Yo nací gitano y es

1 *Niña de La Puebla*: »Mädchen aus la Puebla«. Andalusische Flamenco- und Copla-Sängerin (1908 in La Puebla de Cazalla in der Provinz Sevilla geboren und 1999 in Málaga verstorben). Die *copla andaluza* (Andalusische Copla) entwickelte sich aus dem *cuplé*, der spanischen Variante des französischen oder italienischen Couplets. In der *copla andaluza* kommen vor allem Lebenstragödien zu einem gesteigerten Ausdruck. Oft ist in ihr der *Pasodolbe* rhythmusgebend.

mi triste sino ir por los caminos pa pedi parné …« (»Ich bin Zigeuner von Geburt, und es ist mein elend Los, mit Bettelstab und Stimme dem Herrenbrot zu frönen …«) So sangen wir, so wurden wir dem Straßen-Klang der Laute ausgeliehen.

Die Zeit ist eine blinde Führerin. Ich weiß nicht mehr, wann und wo ich diesen Satz aufgeschnappt habe. Es könnte der wortgeschliffene Auftakt einer Erzählung gewesen sein oder aber das Überbleibsel eines jener Gespräche, die in frühen Morgenstunden ihren Höhepunkt erreichen und gleichzeitig ermüden. Wie dem auch sei. Er lässt mich seither nicht mehr los. Ein Satz, der Unruhe stiftet. Wie ich überhaupt in Sätzen bin, die sich in mir nicht einigen wollen. Das mag seine Gründe haben, deren ich letzten Endes nicht habhaft werde, die ich aber auch nicht alle bis auf den kleinsten Kieselstein kennen will. Obschon es hin und wieder verlockend ist, sich selber auf die Schliche zu kommen und die Kielspur nachzuzeichnen. Wenn ich auf diesen Streifzügen in meine Kindertage immer wieder unser Wohnzimmer zu Beginn der siebziger Jahre wiederfinde, habe ich meistens eine Art Herrgottswinkel der Migration vor Augen. Ein Stillleben von obdachlosem Reiz. In scheinbar lapidarem Arrangement trafen sich Gegenwart und Herkunft auf ein kurzes, ihnen widerstrebendes Intermezzo und brachten nicht nur in unserer Familie eine idyllisch-romantische Zustands-Komposition zum Ausdruck. Dieser Sehnsuchtsschrein war auch in den Wohnzimmern, sprich *salones*, vieler anderer spanischer

Gastarbeiterfamilien ein Halt im Abschiednehmen. Ein Ankunfts-Altar, *made in Germany*, notentworfen in España: Noch der erste, schon wieder veraltete Fernsehapparat als unverzichtbares und erfolgreich abbezahltes Schwarz-Weiß-Mirakel einer hoffnungsvollen neuen Lebenswirklichkeit, und auf ihm tanzte, wenn auch stumm und in seiner Schrittfolge erstarrt, die stilisierte Haltung einer niemals wirklich aufgegebenen Handhabung von Heimat – ein filigranes Flamenco-Puppenpaar. Mehr als nur ein Andenken dehnten die Tanzenden ein nostalgisches Band in andere geographische Räume der Gegenwart. Zumindest für die Erste Generation der andalusischen *emigrantes*, die das Wort *santo* – heilig – in derselben Qualität auf den Lippen führten, wie eine Vielzahl unter ihnen den Geschmack des Hungers auf der Zunge trug, vor dem sie in den späten fünfziger Jahren oder, wie im Falle meiner Eltern, Anfang der Sechziger Richtung Norden geflohen war. Glaubt man den Zahlen, dann haben zwischen 1951 und 1965 achthunderttausend Menschen aus dem östlichen und über eine halbe Million Arbeitslose und Tagelöhner aus dem westlichen Teil Andalusiens ihre Dörfer und Städte verlassen. 1973 lebten nahezu 300.000 Spanier in Deutschland. Über die Hälfte von ihnen – so versichern Quellen – kam aus Andalusien.

Was Hunger in Sprache anzurichten vermag, verdeutlicht eine Begebenheit aus dem Jahr 1930. Zum zweihundertjährigen Jubiläum der Familiendynastie Domecq, der Sherry-Schinken- und Oliven-Magnaten aus den Landstrichen rund um Jerez de la Frontera, rief das Oberhaupt des Clans, zu dessen Großgrundbesitz ganze Dörfer samt ihren Familien frongehörten, die namhaftesten Flamenco-Sängerinnen und Sänger zusammen, die in jener Zeit – wie erwähnt – fast ausschließlich der Hungerleib ins Singen trieb. Überleben war angesagt. Don Juan Pedro Domecq soll nach deren Darbietungen mit Trinkgeldern und Almosen nicht kleinlich gewesen sein, was ihm schließlich unter nicht wenigen der zusammengekommenen Zigeuner den an eine devote Anbetung grenzenden Namen »Heiliger Juan Pedro« einbrachte. »Wie viel Hunger«, fragt in diesem Zusammenhang Félix Grande, Poet und profunder Flamenco-Kenner, »muss sich Generation um Generation anhäufen, damit ein Mensch sich genötigt sieht, einen anderen als Heiligen zu bezeichnen?« Doch zurück in unser Wohnzimmer.

Für die Anschaffung des Fernsehers war damals sicherlich Vater zuständig, und die auf ihm drapierte schlanke Miniaturidylle trug die Handschrift unserer Mutter. Lang hielt sich die aus Heimweh salonfähig gewordene Paarung jedoch nicht, denn meine jüngere Schwester hatte mit Puppen eine andere Übereinkunft getroffen. Sie war überzeugt, dass die beiden Figuren auf dem Flimmerdach der Welt, einem Schaub-Lorenz-Gerät, nicht dazu geschaffen worden waren, um unser Wohnzimmer, einfach nur so dahin gestellt, heimwärts zu schmücken. Dementsprechend ramponiert sahen die beiden *muñecas* nach geraumer Zeit auch aus. Im Spanischen, dies sei erwähnt, führt das Wort *muñeca* ein Doppelleben und bedeutet sowohl »Puppe« als auch »Handgelenk«. Ganz nebenbei bemerkt ist das Handgelenk eine Schlüsselstelle des Flamenco-Tanzes. Die beiden Figuren hatten also den Satinglanz ihrer Souvenirtage bald eingebüßt und kehrten unweigerlich in strapazierterer Gestalt auf die Alltagsstraße zurück. Sinniger konnte man dem Flamenco nicht näherkommen als in diesen lebensabgetragenen Kleidern der beiden Puppen. Die eng anliegende Hose samt Bolero-Jäckchen des männlichen Parts, die irgendwann Löcher vorwiesen, und die weiße *bata de cola*, das mit roten Mondpunkten besäte Schweifmantelkleid der Tänzerin, hatten bald ihre Farbe verloren. Ein Souvenir, das wirklicher nicht werden konnte, denn sowohl die Ursprünge als auch die Geheimnisse des Flamenco hatten immer der Straße gehört. Der Immerstraße einer Wanderung, die im Nordwesten Indiens begonnen und über Persien, Griechenland und Klein-Ägypten im 15. Jahrhundert auch das unter dem Ende der *Reconquista* aufgewühlte und christlich um sich schlagende Al-Andaluz erreicht hatte. Ein Pilgerzug in Schüben, deren erste Ankömmlinge von den Katholischen Königen noch mit den Worten willkommen geheißen worden waren: »Euch, den Ägyptern, die Ihr mit Euren Frauen, Kindern und Familien durch unsere Reiche zieht, ein huldvoller Gruß!«[1] Es sollte sich bald danach herausstellen, dass die

1 »Die Politik Spaniens gegenüber Roma schwankte zwischen Einreiseverbot in die Kolonien und Deportation eben dort hin. Über Jahrhunderte hinweg praktizierte die spanische Krone auf dem europäischen Festland eine Reihe drastischer Verfolgungsmaßnahmen. So ordneten

umherziehenden Gäste doch nicht willkommen waren. Ankömmlinge – *Gitanos* genannt, Zigeuner, in Anlehnung an ihre scheinbar ägyptische Herkunft, deren Frei-

---

ab 1499 die katholischen Könige die Zwangssesshaftmachung aller Roma in Spanien an: Wer diesem Gesetz nicht binnen 60 Tagen nachkam, wurde verhaftet, versklavt und nach Lateinamerika deportiert. Doch es gab auch eine gegenläufige Tendenz. Bereits im 16. Jahrhundert fürchtete Spanien um seine Kolonien in Lateinamerika: Die Roma würden auf dem amerikanischen Kontinent noch *schlechter* leben als in Spanien, könnten die *armen Indios verderben*, sich mit den *Engländern, Franzosen und anderen Ausländern* einlassen, Schwarzmarkt betreiben usw.
1570 erließ Spaniens König Philipp II. ein allgemeines Einreiseverbot für Roma in die Kolonien; 1581 ordnete er die Rückdeportation der Roma aus Lateinamerika an – mit dem Argument, dass man sie in Europa besser unter Kontrolle hätte.
Der Terror gegen Roma setzte sich in Spanien bis ins 18. Jahrhundert fort. Im Sommer 1749 wurden innerhalb eines einzigen Tages bis zu 12.000 Roma – Frauen, Männer und Kinder – gefangen genommen. Der Bischof Vázquez Tablada von Oviedo verlangte die Deportation aller männlichen Roma in (Arbeits-)Gefängnisse in den Kolonien zur Umerziehung, während die Frauen getrennt von den Kindern und den Alten in spanische Gettos gesperrt werden sollten. Als moralische Rechtfertigung diente der Verweis, dass die Roma keine Religion hätten.
Aufgrund des zunehmenden Drucks lateinamerikanischer Gouverneure, die sich über den zerstörerischen Einfluss der *gefährlichen* Roma in den Kolonien beschwerten, fiel die so genannte amerikanische Lösung im Laufe der Jahre wieder in Ungnade. 1783 kam es zu einem endgültigen Ende der Deportationen, und in Spanien wurden die Roma unter Strafandrohung erneut gezwungen, sesshaft zu werden.
Doch weder in Europa noch in Lateinamerika konnten sich Roma zu ihrer Identität bekennen. Die Flucht in die Anonymität wurde zur unabdingbaren Überlebensstrategie und zum gemeinsamen Schicksal vieler Roma auf der ganzen Welt.« (Katharina Deman, Die Ungeliebten, 2003 Hervorhebungen im Original)

heitsliebe (von den Romantikern später verklärt) als Gefahr betrachtet wurde und körperliche Knechtschaft für die Ausgegrenzten zur Folge hatte. Eine Marginalisierung und entwürdigende Schmach. Sie erreichte nicht erst 1695 einen ihrer Höhepunkte, als König Karl II. jene Gesetze unterzeichnete, die in mehreren Artikeln das Leid der *Gitanos* wieder einmal mehr hasszementierten. Das Los ihrer Ankunft im Ankunftslosen. Wie in vielen königlichen Dekreten zuvor und danach.

»Artikel I: Alle *Gitanos* sind gehalten, sich bei der Justizbehörde ihres Wohnorts innerhalb von 30 Tagen registrieren zu lassen. Anzugeben sind Name, Alter, Personenstand, Beruf, Lebensweise, gegebenenfalls Namen und Alter der Kinder, ebenso Waffen, Pferde, Maultiere und andere Tiere, die sich in ihrem Besitz befinden«, um mit Artikel II fortzufahren: »Wer sich nicht registrieren lässt oder unvollständige Angaben macht, wird zu einer sechsjährigen Galeerenstrafe verurteilt.« Und in Artikel III steht zu lesen: »Nach einer weiteren Frist von 30 Tagen müssen alle *Gitanos* das Land verlassen haben, bei Strafe von acht Jahren Galeere für die Männer und 200 Peitschenhieben für die Frauen …«[1]

---

1 Gerhard Steingress führt in seinem Buch »Cante flamenco: Zur Kultursoziologie der andalusischen Moderne« treffend aus: »Die Kontinuität der Politik der Willkür unter Karl II (1692) über Philipp V (1796) bis zu Karl III (1716 – 1788 A.d.V.) demonstriert dieselbe Logik, die darin bestand, das Zigeunerproblem dadurch zu lösen, diese einfach als *nicht-existent* im Sinne des Nationalstaates zu *erklären*. Zwar verbot auch Karl III den *Gitanos* den Gebrauch ihrer Sprache, Kleidung, sowie der Fortführung des paradoxerweise unter seinen Vor-

Flamenco sei Komplizenschaft mit sich selber und gleichzeitig Widerstand gegen die Vereinsamung, sagte Vater, als wir in seinen letzten Lebensjahren wissen wollten, was ihm all die für uns Kinder so unaussprechlichen Namen der Sängerinnen und Sänger bedeuteten, deren Plattencover wir sonntags ungläubig angeschaut und uns gewundert hatten, weshalb sie sich diese verspielt herkunftsgeheimen Namen gegeben hatten: »El chocolate« hieß einer – ich erinnere mich an sein Foto, das nur aus Mund, Augen und Hand zu bestehen schien, ein Körper, bis in die Fingerspitzen lautgespannt. Beschwörung vor dem Sang, vor dem Tanz, in der die Erinnerung Körper, Geist und Seele wird. »Der Schokolade« müsste ich übersetzen (im Spanischen ist die Schokolade maskulin), und »Camarón de la Isla« nannte sich ein anderer der Sänger, der sich nicht minder ekstatisch ins für uns Kinder Unverständliche der Wörter presste und daran zu ersticken drohte. Auf Deutsch könnte dieser aufsässigste Flamencosänger der letzten Jahrzehnte in etwa »Inselsandgarnele« heißen. Ein anderer hieß »Fosforito« – »Zündhölzchen«. Als würde ein Funke der Flamenco-Stimme genügen, die Mühsal dieser Welt in Brand zu stecken. »El cante arde« – Der Sang brennt.

---

gängern de facto erzwungenen Wanderlebens, ja selbst ihres Namens. Doch im Unterschied dazu bot der am wirtschaftlichen Aufschwung interessierte aufgeklärte Monarch im Gegenzug eine berufliche Chancengleichheit an, um die existentielle Grundlage der integrationswilligen Zigeuner und ihrer Anhänger nicht zu gefährden.« Hervorhebungen im Original.

Irgendwann las ich bei Félix Grande, dem bereits zitierten und wohl renommiertesten Philosophen des Flamenco: »Im Augenblick des Singens kristallisiert sich in der Stimme des Einzelnen die Leidensgeschichte eines ganzen Volkes.«[1] Diese Musik aus Andalusien, in der Leid und Hoffnung der jahrhundertelangen Wanderschaft der *Gitanos* Haut werden, gab ihnen einen Unterschlupf im fremden Land, um die Sehnsucht zu bestehen und sich selber nicht aufzugeben. Die seelengeschmuggelten Lieder haben nicht nur ihnen und ihren Wanderungen, sondern, Arbeitsmigrationen später, auch unseren Eltern Halt gegeben. Vielleicht trage ich meine Pilgerstiefel unter anderem auch deshalb, weil mich der *cante jondo*[2] immer wieder zu durchdringen vermag und zu jeder Zeit aufbrechen lässt ins Kommende der Vorüberheiten.

---

1 Felix Grande Lara (1937 – 2014) war Dichter, Flamencologe und Literaturkritiker. Er gilt als einer der bedeutenden Erneuerer der spanischen Lyrik der sechziger Jahre des 20. Jahrhunderts

2 *cante jondo* (span.): Flamencogesang. Enrique Beck hat den Ausdruck mit »tiefinnerer Sang« übersetzt. Nicht die schlechteste Annäherung an den Begriff.

Vom Warten

Die Migration, so schlängelt die Geschichte her, habe mit der Vertreibung aus dem Paradiesischen begonnen. »*Ay*, prätentiöses Eden!«, sagte Vater. Auch er wusste ein Lied davon zu singen. Das Menschenherz begehre den frivolen Flügelschlag der Illusion. Ein Flattern, das sich am Gitterzaun der Sehnsuchtsbalz verhake. »*Aves de paso*, Augenblickvögel!«, sagte Vater: Luftschlosspilger. Welch ausgefallene Metapher der elenden Warterei!

Seit jenem biblischen Inferno, als das Tor zur Göttlichkeit verriegelt und damit die Flucht nach Hause auf Ewigkeiten abgeschnitten worden sei – »nach Hause ins Elysium«, sinnierte Vater –, warte der Mensch vergeblich auf die Gnade der makellosen Rückkehr in den Garten aller Gärten. Stimmt das?

Man könnte sich verlieben in die Leibgeschichte des Exils. Den Irrsinnslauf der Welt. »Ora et labora«, sagte Vater. Dann sei das Warten heilig.

Am Anfang habe also nicht nur das betende Wort den Exodus begleitet, sondern auch das Warten.

Dem Vorübergehenden mutet kein Verb so stiefverschwistert an wie die Tätigkeit des Wartens. Tod und Vergehen m:ahnte Lorca.

Wer wartet wie? Weshalb? Wer wartet wann? Wozu? Worauf?

Der junge Törless fällt mir ein. Ein ewiges Warten auf etwas, von dem man nichts anderes wusste, als dass man darauf wartete. Doch damit wäre ja schon alles preisgegeben und dem Warten ein Ende bereitet. Oder doch warten, bis das Salz erblüht, wie das Sprichwort sagt?

Geduld, so tut uns ein weiteres arabisches Sprichwort kund, erlernst du erst, wenn du wartest, bis auf dem Meeresgrund ein Esel brüllt. Das nenn ich Tugend. Enthaltsamkeit. Resignation. Martyrium.

Vaters Gelobtes Land hieß widerspruchslos Andalusien. Auch er ein Wartender. Ein Leben lang. Nicht ein Vertriebener, aber getrieben.

Warten war schon immer Magie und Fluch in einem. Die unberechenbare Haltung, der Wehmut ihr Opfer darzubringen.

Warten ist fragmentarisch und grundsätzlich ortsver schieden; ist skizzenhaft beseelte Hast und nicht von ungefähr ein insgeheimes Hoffen.

Dort, wo das Warten auf das Warten selber wartet, findet mithin die Not ihr verdammtes Glücksgewusel. Diese Einsicht kann ins Tragische versiegen und nur selten ins Exil versöhnen.

So dauert das »Unverhoffte Wiedersehen« hebelliterarisch an und weist in unsere Zeit.

Vater starb am Heimwehfieber.

Als Kind hörte ich auf die Frage »Was hast du mir denn mitgebracht?« oft die Antwort: »E goldigs Nixle un e silbrigs Wart-e-Wiile!« Das ist alemannisch und heißt poetisch übersetzt soviel wie: den puren Glanz der Sterblichkeit.

Schon in meinen Kindertagen mutierten die Dinge folglich zu surrealen Gebilden, und die Sprache trug bunte Sehnsuchtsmasken. Sie reichten Zuversicht.

Die Realität ist bestenfalls ein Kompass. Eine Apfelblüte lang, ein Hort des Überlebens. Fast ein paradiesischer. Und doch verloren *sie* den Norden, weil *sie* den Süden in ihre eingestaubten Herrgottswinkel stellten. Sie, das sind diejenigen, die man irgendwann als Gastarbeiter ins Abseits betaufte: »E goldigs Nixle un e silbrigs Wart-e-Wiile«.

Alles, worauf die Liebe warte, sei die Gelegenheit, schrieb Miguel de Cervantes. Folgte man dem Diktum des *manco de Lepanto*,[1] dann besäße das Warten nicht nur als Wort Benebelungszauber und wäre in der Nähe einer Dulcinea-Pose angesiedelt. Vielleicht gar am Ort

1 (El) *manco de Lepanto* (span.): Der Einarmige von Lepanto. Spitzname von Miguel de Cervantes y Saavedra (1547 – 1616). Der spanische Nationaldichter und Verfasser des »Don Quijote von der Mancha« (*El ingenioso hidalgo Don Quixote de la Mancha,* Madrid 1605 und 1615) erhielt als Mitglied der *Infantería de Marina* bei der Seeschlacht von Lepanto drei Schusswunden. Zwei verletzten seine Brust, der dritte seine linke Hand, die nie wieder gesundete. Dadurch erhielt er diesen Beinamen.

des Lächelns selber. Nomadenheimisch. Ein Gast der Augenblicke. Wie gesagt: *Aves de paso.* Augenblickvögel.

Was, wenn Warten die Ursprünglichkeit der Existenz bedeutete? Vielleicht war Godot doch nur ein weither Fortgetriebener. Ein Kontinuum des Vagen und Stillstandsstille, Kontemplation. Oder doch eher das, was Tolstoi behauptet hatte, alles nähme schließlich ein gutes Ende für den, der warten könne?

Vater kannte weder Beckett noch Tolstoi und zog sich dennoch fort. Zurück. Ein alter Elefant, der sagte: »Wenn ich einmal sterbe, dann begrabt mich dort, wo aus der trockensten Erde noch eine Blume wächst.« Das Paradies? Sein Paradies? Sich verzehren und schweigen, wie Lorca schrieb? Heißen die Gräber dann Rosita, Bernarda Alba? Yerma? »Sobald 5 Jahre vergehen«[1]? Ein Menschenlos aus Leib und Tod?

Das Warten ist ein Immersog. Manchen verschluckte dabei die Migration. Aus Erwartenden wurden Wartende. Aus den Wartenden die Toten.

---

1 Verschiedene Theaterstücke von Federico García Lorca
Doña Rosita bleibt ledig oder Die Sprache der Blumen. Granadiner Dichtung um das Jahr Neunzehnhundert. In verschiedene Gärten eingeteilt und mit Gesang und Tanz. (Span.: Doña Rosita la soltera o El lenguaje de las flores). Komödie, 1935
Bernarda Albas Haus. Tragödie von den Frauen in den Dörfern Spaniens. (Span.: La Casa de Bernarda Alba. Drama de mujeres en los pueblos de España). Theaterstück, 1936
Yerma. Drama in drei Akten und sechs Bildern, 1934
Sobald fünf Jahre vergehen. (Span.: Así que pasen cinco años. Leyenda del Tiempo), 1931

El Muerte

Ich stelle mir also vor, ich hätte einen Tod mitgebracht. Besser gesagt: *den* Tod. Der hat mich schon immer fasziniert.

Ich erinnere mich noch heute an den Totengräber in meiner Heimatstadt. Hieß er Cölestin? Ich weiß es nicht mehr. Ich weiß nur noch, dass seine Erscheinung bei uns Kindern beklemmende Gefühle hervorrief und uns dennoch anzog. Schaufel und Körper schienen aus einem Wuchs. An dunkleren Spätherbsttagen gemahnte er an totes Holz; an das, was Jahre nach dem Sturm von einem Baum übrigbleibt. Im Frühjahr und Sommer hingegen überzog ein wächserner Glanz sein ausgedörrtes Gesicht. Im Winter war er einfach nur Hut und Mantel und – ohne Antlitz. Ein Schatten seiner selbst, den sein Handwerk buckelte. Etwas Abgestorbenes haftete ihm an. Ich dachte an schwarze lehmige Erde und daran, wie die hungrigen Löcher grinsten, wenn die Särge hinabgelassen wurden.

Cölestin humpelte täglich an unserem Haus vorbei und grub sich tief in unsere Seelen ein. Meistens drehte er sich nach uns um und knappte mit dem Kopf. Als wüsste er. Und er wusste weit mehr als wir, obwohl die *Totennähe* fast hinter unserem Haus begann. Vom Gottesacker wohnten wir lediglich einen Katzensprung und einen Gedanken lang entfernt.

Wir versteckten uns vor ihm, d.h. im Grunde lauerten wir Cölestin auf, weil wir wissen wollten, ob er wirklich Menschen fraß. Als sei dem Unheimlichen nur auf diese Art und Weise Herr zu werden: in einer Mischung aus Neugier, Furcht und unverhohlenem Gespött. Das kam nicht von ungefähr, denn man hatte uns mehr als nur einmal gesagt, er sei *de Menschefresser* und »wenn ihr nicht folgt, dann holt er euch!«

Während meiner Studienzeit sollte ich Octavio Paz entdecken. Ich las im »Labyrinth der Einsamkeit« und stellte mir Würmer vor. Dieselben fetten Würmer, die ich gesehen hatte, wenn wir Kinder von der Friedhofsmauer aus beobachteten, wie die Särge in die ausgehobenen Löcher sanken. Cölestin hatte jede der Beerdigungen angeführt, ein Holzkreuz vor seinem Gesicht hertragend und seltsamerweise aufrechteren Ganges. Seine Schaufel war dabei immer hinter dem Erdhügel neben dem frischen Grab versteckt.

»Unsere Todesverachtung steht nicht im Widerspruch zu unserem Todeskult«, erfuhr ich bei Octavio Paz. Ich fand unglaubliche Sätze in seinem Buch und wollte deshalb irgendwann nach Mexiko, um Texten wie diesem zu begegnen:

»In einer verschlossenen, ausweglosen, vergänglichen Welt ist der Tod das einzig Gültige. Damit bestätigen wir etwas Negatives: die Totenschädel aus Zucker oder Seidenpapier, die Skelette, die im Feuerwerk leuchten, und unsere volkstümlichen Darstellungen, die das Leben verspotten, bezeugen die Nichtigkeit und Belanglosigkeit des menschlichen Daseins. Wir schmücken unsere Häuser mit Totenschädeln, wir essen am Totensonntag Brot in Form von Knochen, wir amüsieren uns mit Liedern und Schwänken, aus denen der kahle Tod grinst. Doch all diese großtuerische Vertraulichkeit mit ihm enthebt uns nicht der Frage: Was ist der Tod eigentlich? Darauf haben wir keine Antwort, und jedes Mal, wenn wir sie stellen, zucken wir die Achseln: ›Was geht mich der Tod an, wenn mich das Leben nichts angeht?‹«

1998 reiste ich schließlich zum ersten Mal nach Mexiko und hielt Ausschau nach *dem* Tod. Nach dem ganz besonderen Tod in Mexiko. Dem Tod als Schutzpatron, dem Tod als schöpferische Gabe. Was ich erlebte, bekehrte mich, und ich kaufte alles, was ihn Körper werden ließ: Totenköpfe, Skelette und eine Pappmaché-Figur, die ich *El muerte*[1] nannte. Grammatikalisch natürlich falsch, denn der Tod ist im Spanischsprachigen weiblich. Aber

1 Der Tod ist im Spanischen weiblich: *la muerte*. Ich habe »sie« in Anlehnung an die deutsche Sprache ins Männliche geholt und ihm die Qualität eines Eigennamens verliehen: *El Muerte*. Eine Umkehrung ins Spanische wäre »die Tödin«.

ich dachte, nein, der Tod darf keine Frau sein. Der Tod muss männlich sein – und er muss einen breitkrempigen Hut tragen. So wie der Totengräber in meinem Heimatort.

Mit einem Messer in der Hand steht *el Muerte* heute in meinem Bücherregal und spielt unentwegt mit all den dort versammelten Wörtern und Sätzen. Und das Messer ist eine Schaufel. Und die Schaufel ist ein Kreuz.

Vaterskizze, m:einen Kühlschrank betrachtend

Wie viel Vergangenheit nährt Gegenwart? Wie viel Gegenwart Vergangenes? Wann spricht wer von beiden vor? Imperfektes Präsens! Weshalb? Wodurch? Das Handwerkszeug, die Tempi zu verw:orten, das sei hier eingeräumt, steht mir nicht wirklich zur Verfügung. Es ist ein Stückwerk-Puzzle und scheint vergebens. Nichtsdestotrotz. Sie greift. Sie greift mich dennoch auf. Oft unvermutet. Die Gegenwartsvergänglichkeit.

In welchen Bildern *Herkunft* fassen? Wie ihre Spuren messen? Und was heißt Anders-Sein?

Auf der Suche nach den Fährten b:leiben die Dinge. Sie werden Körpertexte. Distanz der Nähe. Auch umgekehrt. Text und Körper. Es ist nicht der erste Blick, der Geschichten reifen lässt. Es ist der Blick des Blickes, der uns erzählen macht. Der Blick des Blickes auf den Blick. Ein Nebensatz trifft plötzlich ins Mark des Sagens, wo Wahrnehmung imaginiert, sich vorstellt, dass … Ein Schattenfries, der sich umläuft. Gedächtnisschleifen. Gar Wurzelschlingen, die sich verkrallen. Mitunter ein farbgeformtes Kaleidoskop ins Künftige. Es sind, glaube ich, ausschließlich Zeitpirouetten im Notkonstrukt der Uhren. Spannen nach, was sonst Vergessenheit(en) generierte. Sie tauchen auf. Allmählich. Sprunghaft. Tauchen ab. So kann ich schreiben: Nicht alles, was Konsum andeutet, ist Mangelwarensucht der Seele! Ein Kühlschrank kann die Welt erklären – kann.

Eigenväterlich war Vater. Ein Migrationsgalan, ein eleganter Wörterschmeichler. Ein Fabulant. Zudem ein Kaktusfeigen-Bonvivant, ein Ölsardinen-Koster und, nicht nur nebenbei, ein unerschrocken warmbeherzter Familiärer. Indes vor allem eines – *un andaluz ardiente*[1]. Mit Leidenschaft 1 Andalusier. Maure, Jude, Ränkeschlichter; Feierabendzeitnomade, Katholik, ein päpstlicher. Ein Äffchen-Imitator war er auch. Ein Stierkampfvolten-Spezialist, ein Eckballconnaisseur und – nicht nur zu guter Letzt – ein spendabler Gast-Gastgeber. Ein Heimwärts-Cicerone. Seine Lust, geboren aus Verlusten. Das machte ihn zum Freundeslader. Großmütig, nobel. Mit jenem sanften Hauch levantinisch kluger Chuzpe, die nach Sonnenaufgang schmeckt und Orientierung. Brot musste immer sein und im Überfluss Oliven. Und Wurst und Käse. Wasser, Wein. Und Bier. Infolgedessen unumgänglich: ein guter Ort der Aufbewahrung.

---

1 *un andaluz ardiente* (span.): ein leidenschaftlicher Andalusier oder ein Andalusier aus Leidenschaft

Die wichtigste Errungenschaft unserer ersten Wohnung im Südschwarzwald war dementsprechend ein weiß gebauchtes Hilfsgerät – made in Germany. Der Kühlschrank, *la nevera*.

Meinem Vater war unser Bosch-Überlebensadjutant der hochwertigste aller Löhne seiner gastarbeitenden Triumphe, weil ein vielversprechender und treulich dienender Garant seiner Herzensgeste(n). Ein Kühlschrank war für ihn das simple Manifest potentieller Einladungen. Jederzeit. Ein Gegenstand als Gleichnis. »Herzlich Willkommen!« Für mich ein veritables Vaterbild. Er, der Gastarbeiter, der gerne Gäste hatte.

»Hereinspaziert! ¡Entrad!«, pflegte Vater feierfreudig auszurufen, wenn er sich (und uns) wieder einmal die zu Bewirtenden eingeladen hatte. Ein Wochenend-Pläsier. Dann nahm die väterliche Führung ihren Lauf. Ein Ritual. Das Domizil als Sehnsuchtstrakt. Beäugt zunächst, was man schlicht mit »Wohnzimmer« bezeichnete, im Grunde ein Empfangssalon, dichtauf sodann die Präsentation unserer Kinderzimmer, danach das blitzeblank geputzte Bad, im Schlepptau auch gleich mitbetrachtet, die Pflicht der stillen Örtchen, um stante pede auf das Elternschlafgemach zu deuten und ganz zum Schluss das absolute Kleinod aufzusuchen – unsere Küche. Darin der Lebensmittelpunkt, sein Kühlschrank. Der prallgefüllte, selbstverständlich. Fach um Fach Vorhandenes. Für ihn ein Glücksgefühl und mir Metapher.

Ich vermute, es lag am Spanischen Bürgerkrieg. 1936 bis 39. Und an der Zeit, die folgte. »Wisst ihr«, erzählte Vater, »wie ich als Kind Fleisch gegessen habe? Ich stellte mich auf dem Markt unter einen in der Luft gut abgehängten *jamón serrano*[1] atmete tief und innig ein und verschlang auf diese Art und Weise den besten aller Schinken. Danach besuchte ich das Brot. Anschließend ging ich satt nach Hause und verdaute die wundervollen Köstlichkeiten meiner insgeheimen Duftreviere. Bis ich jenen Hunger erneut verspürte, den ich euch nicht beschreiben kann. Ein Hunger, den nur der Krieg gebiert. Das gefräßigste aller Mäuler.«

Nicht immer, aber häufig, wenn ich den Kühlschrank öffne, denke ich an meinen Vater. Ein Blick auf den Blick des Blickes, der genügt. Dann lächle ich mich satt.

---

1 *jamón serrano* (span.): luftgetrockneter Schinken aus Spanien; Serrano-Schinken

Vier Gerüche Holz

Ginsterdürre, Borkenbrocken, bleicher Grabenfarn. Allenthalben sieche Fichten. Flechten narbten Wundsilhouetten. Wie hingeworfen Waldgrasfladen. Im eingerollten Ockermatt wuchs stumm und zeitvermummt der wintermüde Boden fort. An sich hinab. Als wäre kein Entrinnen. Und wie ein Scherenschnitt der Schwere verspannten greise Schattenäste die surrealen Zapfenzweige um kranke Knochenhölzer. Vom Nacktgebüsch tropfte die Trauer in moderschwarze Nadelschwämme. So roch der Herbst, wenn er verging, nach Leibvergänglichkeiten. Die Zeit gefror. Wie lang, ich kann es nicht mehr sagen. Nur eines ist mir gegengewärtig: Ein Tag, der kommen würde, versöhnte all die Fäulnisangst. Ein Immerstern, der nirgends war und doch im W:ort zugegen und uns versprach zu bleiben.

Wer um die Nachtgebete weiß, kennt auch den Tagesdank. Die Hoffnung ist ein Fransenkreis mit fein gewirkter Maserung. Das Holz fügt sich in seinen Ringen, die sich und uns erzählen. Ich höre ihnen nach …

Die alte Weihnachtskrippe der Familie, *s Kripple*, hatte vor allem anderen mit unseren Händen zu tun. Mit oftmals nassen, meist unterkühlten, zusehends klammer w:erdenden, sich mit jeder Minute, die vergehen sollte, steifer gebärdenden Fingern. Sie schienen bald wie abgestorben, weil wir die Fäustlingswärme schließlich doch aufgeben mussten, um die versteckten Moosreviere vom Frost der Nächte frei zu kratzen. Nichtsdestotrotz. Die Krippe war ein Lichtbedürfnis. Ein Gegenw:ort. Ein weiser Trost.

Wir bekamen große Augen, wenn dann zu Hause das ausgelegte Moos den Firn der Morgendämmerung verlor und sich der runde Beistelltisch in unser Bethlehem der Phantasie verwandelte. Ein Stall aus Birkenholz und Schindeln und frischen Hobelspänen. Nur *de Bue*[1], *s Chrischtkindle* fehlte. Noch.

Heilig Abend war in aller Herrgottsfrühe der zum Aufbruch drängende Wald. Dunkel hinskizzierte Bäume, die Schnee ausschütteten. Die Nacht war wundersam durchkämmt, die Schatten aufgehoben, und der Tag nahm seine Fährte auf. Vom Reif beschützt. *De Riffe het au ebbis Guets*[2], sagten die Alten.

Es duftete seit Stunden verführerisch nach Selbstgebackenem. Ein Plätzchenduft durchzog das Haus. Mut-

---

1 *de Bue* (alem.): der Bub(e), hier Kosename für das Christkind(le).

2 *De Riffe het au ebbis Guets* (alem.): Raureif hat auch etwas Gutes

ter pflegte noch zu schlafen, wenn wir uns mit ungeahnter Willensstärke ins Frösteln wagten. Das Zeremoniell begann, sobald uns Vater weckte, um den Christbaum zu stibitzen und *firs Kripple*[1] Moos zu holen. Auf dem Tisch schon hergerichtet die roten Weihnachtskugeln, das silberne Lametta und die weißen Kerzen. Das Wichtigste jedoch war die Schachtel aus der Schreinerei. Onkel Johann hatte die Späne – auch ein Ritual der feierlichen Dinge – wie jedes Jahr vorbeigebracht. So roch bereits der Abend vor der Ankunft nach Hobelbank und Sägemehl, nach imaginärem Krippenstroh, nach Zuversicht und *Florentiner*, nach *Hilda-* und nach *Butterbreedle*[2]. Die insgeheime Vorstellung von einem Obdach verlieh dem Winter Flügelleichte. Ein Tannengrün der Lieder trotz starrer Fichtenstämme. Das konnte für uns Kinder so nur im Schwarzwald sein. Wider das Darben Zufluchtsmilde. Wir wurden Holzkomplizen.

Kein Wintermorgen wie jeder Wintermorgen war der 24. Dezember. Die Bäume glichen Eremiten. In ihrer scheuen Andacht gemahnten sie die Pilgerschaft. Wegzehr und Sammlung. Den Wurzelgrund des Wanderns. Selbst der unbedarften Kindsunruh schenkten sie Rast und Muße. Tastbar nah und fremdversunken offenbarte sich der Wald. Eine Skulptur aus Rindenschriften. Die schneeverwehten Hänge verlangten Schlittenbahnen

---

1 *firs Kripple* (alem.): für die Weihnachtskrippe

2 *Florentiner, Hilda- und Butterbreedle* (alem.): drei verschiedene der unzähligen Weihnachtsgebäcksorten

und die Notwendigkeit zur Überrumpelung der Ungeduld, eine Schneegestalt zu bauen, boten dem frühen Nachmittag, so *duschter*[1] er sich auch noch zeigte, ihre Kurzweil an. Ein Frohsinn, der sich des Winters annahm und Zufriedenheit bedeutete. Danach, zu Hause angekommen, krächzten *Spächele*[2] und Scheit. Der Kachelofen stiftete das Abendfell der guten Stube und barg die fleißig Wartenden. Wir tauten auf wie um die Mittagszeit das Moos.

Der Herbst war dann in jener Stimmung nur ein vergessener Ort. Weit abgelegen. Und auch der Sommer, der stetig auf ihn zugegangen im Verderb der Farben. In seiner unabdingbar notweisenden Vorüberheit. Die Zeit, die Wahrnehmung verströmt. Ein Fächer Zeit. Im Fluss. Im Lauf. In seinem Delta.

Wie jedes Jahr war jeder Herbst ein schütterer August gewesen, der Abschied nahm. Die Herkunft seiner Agonie als Hort der Vogelschwärme. Die ziehen wollten, ziehen mussten.

Holz riecht im Herbst nach einem unverhofften Déjàvu aus aufgewühlter Felderbrache und Ankunftswitterung der Raben.

Demgegenüber spurt das Frühjahr den Junggeruch der zarten Blöße. In ihr die Boten, dass es erst Winter werden muss, um alle Jahreszeiten in einer zu begreifen und deren Tastaturen, die sich aus Tag und Monats-

1 *duschter* (alem.): dunkel; finster
2 *Spächele* (alem.): Holzspäne; Zunder

wechsel auf jedem Strauch ergeben. Das Zerbrechliche der Zweige, auch wenn sich Tod und Liebe erst später treffen sollten. Heuer dürfen. Wie ein April verschwistert. Ein Mai, in dem ein Juni schläft. Ein Julei, August, September, die sich einander kreuzen.

Die Farbnuancen sind Gerüche. Der Geruch ist Tönungschatten. Sich selber Klang. Im Januar ein Februar, der beide weitermündet ins Holz und aus dem Holz. Verschlungen schwere Nebelstreifen im ausgeschnitztzten Messerlicht. Sich sonnentränkende Oktober, bezwungene Novemberäcker. Ein ständig unterliegendes Gewann, das rostig-taube Klingen in Ackerkrumen sticht und irgendwann Besinnung fordert. Und wie die Moosgewächse im Dezember hat jeder Heumonat mit seinem Gang ins Unausbleibliche zu tun. August und *Haiete*[1], die Wiesenschnitter, die uns alljährlich den schwerer schnaufenden September zeigen. Ins Nadelfeuchte fortgeatmet. Aus Schritt und Schritt. Das Holz auf Jahrespfaden nachzugehen und dessen Maß Vergänglichkeit. Es sprach das Holz. Es spricht. Sein unentwegtes Schwinden vernahmen wir und nicht die Leere. Wir steckten dann die Hände in unsere Hosentaschen. Dort häuften wir Kastanien. Ein Handerschmeicheltes im Angesicht polierter Särge. Die Illusion der Eichenhülle, die sich dem Bodenlosen der letzten Rätsel übergibt. Wer mag schon den Zerfall tatsächlich akzeptieren, der

1 *Haiete* (alem.): Heuen; das Heu einholen – ein wunderbarer Augustgeruch.

einst den Hungerwürmern den Madensumpf gewährt? Ich weiß es nicht, wer diese Fügsamkeit besäße.

Mit jedem Tod, der im August den fristgerechten Nistplatz sucht, flüchtet die Junischwebe aus ihrem Wimpernschlag. Der Augenblick schon ausgezehrt, bevor er angefangen hat; ist jede Juliglut ein matter Schimmer; schmeckt Holz nach Abgeschiedenheit der Zungen. Im Kopf das Menschenholz der stillen Kruzifixe.

Was von den Apfelblüten bleibt und von den Schmetterlingen, führt kurzen Flug. Ein Wind, der um die Häuser streunt. Gehöfte, die sich winterducken und in Willkommensgrüßen aus Tür und Fenstern den Lebenspräsens laden. Auch wenn der Sommer längst vergangen und in die Reisigbündel treibt. Das Trockenholz, auf dem im März der Tau und Blütenpollen findeln, dem Saftgeschmack der Gräser die Kraft der Wälder geben. Wie dem Wasser Durst entsteht und dem Durst das Wasser, dem kalten Jänner der Knospenmut des Februars. Ein Aufbegehren. Nur deshalb konnte ich zur Frühjahrsommerwende übers Johannisfeuer springen und im Herbst das Heimwärtsleuchten im ausgehöhlten Kürbis hüten. Der Schwarzwald war ein Einzelgänger und mehrere in einem. Tagtäglich.

Man sagt, der Stab des Zimmermanns sei eine Lilie des Bescheidens. Demutsleise Achtsamkeit. Und schlösse man die Augen, dann röche man das Holzvermächtnis aus strohgewirkter Würde im Wissensalphabet der Finger. Ein Ostersonntag, der sich schöpft. So greift die Hand niemals ins Leere.

Postskriptum

Werter Freund,
Sie baten mich in Ihrem letzten Brief, ich möge Ihnen für ein paar Sätze Einblick gewähren in mein Domizil. Ich will es versuchen. Bitte haben Sie ein Nachsehen, dass ich Ihrem Wunsch vielleicht nur mit Ungenügen begegnen, will sagen, Ihnen lediglich meine in vielerlei Hinsicht (eigen erprobten) und damit an die gewohnte Umgebung gewöhnten Augen anvertrauen kann und Sie deshalb viel lieber für ein paar Tage zu mir einladen würde, als Ihnen nur ein Gerippe dessen anzudeuten, was voller Geschichten steckt, die ich oft selber gar nicht mehr wirklich zu erkennen vermag. Erlauben Sie mir deshalb ebenso zum Auftakt dieses Schreibens – mehr zum erläuternden Schutz und weniger als Untermauerung meiner Gedanken –, Ilija Trojanow kurz als Zeuge meiner Wahrnehmungen anzuführen. Ihm verdanke ich diese Zeilen: »Das mühsam Erlernte über den Haufen werfen zu müssen, weil der gelüftete Schleier den

Blick auf einen weiteren Schleier öffnet. Wir im Westen haben nicht gelernt, mit gespiegelten Täuschungen umzugehen. Das Paradoxon ist bei uns eine lästige Unstimmigkeit.«[1] Bon.

… wenn ich von meinem Schreibtisch aufblicke, sehe ich Bücherrücken. Mein Arbeitswinkel, der mir auch die Welt bedeutet, steht wie zufällig unter den Buchstaben A - K. Ganz oben, über dem ersten A, sitzen die Klassiker der deutschen Sprache. Schulter an Schulter: Goethe Mörike Novalis Jean Paul Hölderlin Chamisso Schiller. Es gibt weitere, wie Sie vermuten dürfen. Ich lese Ihnen einige der Buchrücken vor, die näher an die Tastatur meines Laptops heranreichen als die eben erwähnten Klassiker, die uns allen vom Namen her zumindest geläufigen, älteren Klassiker: »durch und durch« (Zsuzsanna Gahse); »Der Sturz des Dädalus« (Wolf Biermann); »Frauen vor Flußlandschaft« (Heinrich Böll); »Mein trauriges Gesicht« (Heinrich Böll); »Aus dem Tagebuch einer Schnecke« (Günter Grass); »Kontrolliert« (Rainald Goetz); »Die Zeit ist kaputt« (Klaus Kordon) … Damit soll die Aufzählung vorerst enden, und es sei bemerkt: Das Regal in meinem Rücken mit der Chamisso-Literatur … ein weites Feld …

»Die Zeit ist kaputt« – der Satz gefällt mir.

Brecht ist größtenteils verdeckt. Ein Foto Friederike Mayröckers lehnt sich an ihn. Über ihn? Hinter dem

---

1 Aus: Trojanow, Ilija (2006): *Gebrauchsanweisung für Indien*. München: Piper Verlag

Rahmen dennoch zu erkennen: Bertolt Brecht – »Die Mutter«. Josef Beuys sagt ein paar Zentimeter weiter unten »Wer nicht denken will, fliegt raus«. Und Ingeborg Bachmann: »Die Spezialisten, die Experten mehren sich. Die Denker bleiben aus.« Vor Gellert hingegen, der sich vermutlich aus Platzmangel neben Genazino und »Die Obdachlosigkeit der Fische« geschlichen hat, hängt ein Foto meiner Eltern in jungen Jahren, auf einem Spaziergang durch den damals noch fremderen Ort Hausach im Schwarzwald, Sommer 1961, ich im Kinderwagen. – Ich sehe mich nicht, ich nehme an, dass ich im Kinderwagen liege.

Auf dem Schreibtisch wiederum seit Jahren ein Gedicht von Friederike Mayröcker – Volker Sielaff hat es mir aus Dresden geschickt –, »Tempelhüpfen« heißt sein Titel. In ihm kommt Andalusien vor »(...) wo Andalusien?, würde ich diesen HIMMEL ertragen, – nein (...)«. Es beginnt mit den Verszeilen » ... ach, ich weisz es, und es ist mir egal ...« Daneben ein Foto von Miguel Hernández, schwarzweiß – ein vergrößertes Passbild – und seine Verszeile »En éste campo estuvo el mar« – »Auf diesem Feld war das Meer ... dieses Feld war Meer«. Ganz in seiner Nähe sagt Pessoa, wenn ich vor dem Bildschirm sitze, fast an meinen, beim Schreiben aufliegenden, rechten Ellenbogen reichend: »J´ai mal à la tête et à l'univers«. (Mir krankt der Kopf und das Universum lässt mich krank w:erden / Kopf- und Weltweh). Das Universum auch ein Schmerz. Und eine weitere Postkarte, ebenfalls in unmittelbarer Nachbarschaft dieses Satzes, geschwärzt, vom 20.6.1917 aus Pressburg, adressiert an Herrn Theophil Czipinka, den ich nicht kenne, eine Kriegsgefangenensendung mit der Anrede und aus Sütterlinhänden: »Lieber Bruder! Deinen Brief haben wir dankend erhalten …« Die nachfolgenden Zeilen sind nicht mehr zu lesen. Ein schwarzer Balken, in einem Schwung fett aufgetragen, glänzend – wie ein dicker schwarzer Zustandspinselstrich von Tàpies …

Dies ist ein kleiner Ausschnitt, ein erstes Entrée in mein Raummosaik, verstreut um und auf dem Schreibtisch. Er ist nicht wahllos, auch wenn ich mit dem Zufall ringe. Er ist nicht unbedeutend, auch wenn ich die Kompositionen nicht immer erklären kann. Also nur für den Augenblick dieses Briefes und eigens für Sie ausgewählt. Ich glaube, Ästhetik entsteht im Verhältnis zu allem, was mich umgibt. Entsteht auf diese Art und Weise ein W:ort wie »Notkunft«? Oder Zeilen wie die nachfolgenden?

lippenschlüssel
1 wortnacht über
rändertreiber & von der sprache
an den rand getrieben
denke an den luxus gastzusitzen
wortrinden schälend[1]

1 Gedichtfragment von mir (unveröffentlicht)

Sie haben alles verstanden, was ich nicht geschrieben habe? Darf sein, darf sein, beruhigen Sie sich. Denken Sie an Kafka: »Ein Käfig, der seinen Vogel sucht«.[1] Vielleicht muss es so sein. Es ist gut, nicht alles zu verstehen. »Auf diesem Feld war das Meer … dies Feld ist Meer … Feldermeer …«[2]

Geschätzter Freund, ich schreibe nur (ausschließlich?) über Dinge, die ich nicht verstehe. Und – jemand sagte mir einst: »viel Gefühl«. Ja, sagte ich. Dann schwiegen wir beide. Und dann sagte er: »ziemlich viel Gefühl«. Ja, sagte ich. Und dann sagte er: »Trochäus«. Ja, sagte ich: Trochäus; usw. Seither schaue ich meine Wohnung an und denke: viel Gefühl. Ziemlich viel Gefühl. Trochäus. Also schreibe ich seither nur über Dinge, die ich nicht verstehe. (Ist »verstehen« dasselbe wie »begreifen«? Greifen meine Füße, wenn ich stehe? Vergreifen sich meine Füße, wenn ich bestehe? Wie sieht es aus mit der Wanderung? Ist Pilgerschaft ein Erbe oder nicht mehr zu begreifen? Gibt es das Wort »Pilgerung« in deutscher Sprache? Gibt es ein Wort, sobald ich es schreibe? Wann klopft »Pathos« an? Sollte ich ihm den Eintritt verwehren, wenn es ein *er* ist? Ihn aber einlassen, wenn es eine *sie* ist?) Die Jakobsmuschel z.B. und

1 Anspielung auf einen Satz von Franz Kafka »Ein Käfig ging seinen Vogel suchen.«

2 Bezugnahme auf das Gedicht »En éste campo estuvo el mar« von Miguel Hernández (1910 – 1942)

der Satz, der Halbsatz unter Kitschverdacht? … Schöner Halbsatz, durchaus kritisch zu deuten: unter Kitschverdacht … Aber dieser Vorwurf: ziemlich viel Gefühl – lassen Sie mich, oh Gott, ich befürchte, das Postskriptum wird länger als der Text, der ihm zugrunde liegt; der Text, der auch ein Gedicht Chiellinos in sich weiß: »für Rose Ausländer // es ist an der Zeit / sich die Fremde zu nehmen / nimm / den Apfel an / und / verteile / das Wort //«[1] – Da fällt mir ein, wie entgeistert mich ein Journalist vor Jahren anschaute, als ich auf seine Frage, wie lange ich an einem bestimmten Gedicht gearbeitet hätte – ich erinnere mich nicht mehr daran, welches es war – als ich ihm zur Antwort gab: 40 Jahre … Ich schweife schon wieder ab, verzeihen Sie bitte, dabei wollte ich Sie ja nur in mein Haus, mein Schreibdomizil einladen, Ihnen mit der Beschreibung meines Arbeitstisches, d.h. vielmehr mit der Beschreibung seiner unmittelbaren Umgebung, noch einmal ans Herz legen, mich doch eher zu besuchen, um Ihnen auch die Pflanze zu zeigen, die »Großmutterpflanze« (schon 1960 eingeschmuggelt und lebt immer noch; ihre ganzen Ableger, die all die Umzüge überstanden haben – seltsam: das NICHTSPRECHENDE, das überlebt, weiterlebt; wird immer nur erzählt, wird immer wieder von der Herkunft erzählt und wie sie nach Deutschland kam, die »Großmutterpflanze« – den wirklichen Namen habe ich ver-

1 Aus: Chiellino, Gino (1984): *Mein fremder Alltag*. Gedichte. Kiel: Neuer Malik Verlag

gessen, d.h. im Grunde habe ich ihn nicht vergessen, ich konnte mir den Namen einfach nie merken. Mutter hat ihn so oft gesagt, aber er wollte einfach nicht bleiben, nicht haften bleiben, also sprechen wir von den Haftbedingungen: welche Namen, welche Wörter, welche W:orte haften? also eine gemachte HAFTBEDINGUNG der Überlieferung?).

... ich insistiere, verehrter Freund, Sie werden, wenn Sie kommen, mein Haus über ein altes Treppenhaus betreten, d.h. es wird Sie empfangen, mit all den Räumen, die in Sätzen sind. Apropos Sätze. Gino Chiellino – ein Vergessener oder Verdrängter? – meinte: Zwischen Exotik und Erotik liege nur ein x und ein r.[1] Auch dieser Satz ist haften geblieben. Also, um es kurz zu machen: Ich lade Sie ein, doch einmal herzukommen ... Sie wissen ja: Küche, Wohnzimmer, Schlaf ist auch 1 Zimmer, also Küchensätze, Bewahrungssätze und Papierkorbsätze, Sätze ins Bewohnbare, also Wohnzimmersätze, Esszimmer-, Schlaf-, Gästezimmersätze, Sätze im Gang zum Bad, Abstellkammersätze, Dielensätze, Treppen, Balkone, Fenster, usw. Wo werden welche Sätze wie? Ein älterer d.h. einer, der mich schon lange begleitet, wäre: »Letzten Endes war er wie einer von ihnen, aber er war nicht einer der ihren.«[2] Luís Sepúlveda musste ihn so formulieren und nicht anders. Ist das nun ein chileni-

---

1 Erinnerung an ein Gespräch mit Gino Chiellino

2 Aus: Sepúlveda, Luís (1996): *Der Alte, der Liebesromane las.* Roman. Frankfurt a.M.: Fischer Verlag

scher Satz? Ein spanischsprachiger? Ein übersetzter? Daneben gibt es natürlich auch immer wieder Wörter. Zwei Wörter der deutschen Sprache, die ich liebe: »Habseligkeiten« und »Machenschaften«; oder ein alemannisches: »Wunderfitz«. Ach, was übrig bleibt von dem, was man hat, und wie alles gemacht, und die Neugier, die dann doch wieder tröstet, versöhnt; ich denke dabei immer an die Passnummer, und wie diese so unverhofft daherkam; und die Stempel, wie sie da waren, plötzlich. Dabei kannte ich doch nur das Wort »Stempeluhr«; und ist ein Stempel in einem Pass auch eine Stempeluhr und eine Visabedingung und eine Visagenehmigung, eine ganze Visa-Abteilung und ein Visa-Abteilungsleiter oder eine Visa-Abteilungsleiterin; und jemand sagte mir neulich, in Ägypten z.B. müssten sie, wenn sie denn hier einreisen wollten, vor der Deutschen Botschaft auf der Straße Schlange stehen und sich vorweisen nachweisen ausweisen überweisen; verwaisen allerdings schreibt man mit ai. Also könnte es sein, dass es auch so etwas gibt wie: vor der Sprache Schlange stehen, vor der Visa-Abteilung der Sprache Schlange stehen? Oder: vor der Visa-Abteilung der Schlange Sprache stehen? Vorsicht, Vorsicht! Ja, ich weiß – Sie ermahnen mich zurecht – es könnte sich der Tierschutzverein melden mit der Begründung: Was wissen Sie schon von Schlangen, dass Sie das Unberechenbare ihrer Wesen in einen derart ungerechten, diskriminierenden Vergleich sperren. »Und was ist mit dem Apfelbaum?«, könnte ich dann fragen und sagen: »mein Adamsapfel«. Aber, lassen Sie mich noch schnell Esterházy zitieren, zumindest einen Teil aus seinem biblisch weiten Umfangsbuch (Sie kennen es sicherlich: »Einführung in die schöne Literatur«), er schreibt: »Es gibt so viele Fragen, wissen wir zum Beispiel, wie weit sich die Dunkelheit ausbreitet, auffallend …« und: »Zu einer Antwort, die man nicht aussprechen kann, kann man auch die Frage nicht aussprechen. Das Rätsel gibt es nicht. Wenn sich eine Frage überhaupt stellen lässt, so kann sie auch beantwortet werden … Skeptizismus ist nicht unwiderleglich, sondern offenbar unsinnig, wenn er bezweifeln will, wo nicht gefragt werden kann. Denn Zweifel kann nur bestehen, wo eine Frage besteht; eine Frage nur, wo eine Antwort besteht, und diese nur, wo etwas gesagt werden kann.«[1] Ein paar Seiten zuvor hatte er festgestellt: »Nach einer internationalen Übereinkunft sprechen wir von Nebel, wenn sich die Sichtweite auf unter 1 KM beschränkt (sonst ist es Dunst). Bodennebel, Seenebel, Monsunnebel, Rauchnebel – oder auch Smog.«[2] Also kommen Sie in mein Wohnzimmer, setzen Sie sich doch bitte, und sei es für einen Augenblick … Schauen Sie:

»Leichnam, seine Familie belauernd«[3]. Fast hätte ich Leichnam mit h geschrieben, weil sich die Assoziationskette andersalphabetisch fügt, d.h. fast hätte ich mir eine Leich genommen –: mich ihrer angenommen, sie

1 Aus: Esterházy, Peter (2006). *Einführung in die schöne Literatur*. Berlin: Berlin Verlag

2 ebda.

3 Buchtitel des österreichischen Schriftstellers Josef Winkler (geb.1953)

angenommen – wären auch Möglichkeiten der Lektüre, wenn sie eine Ohrlektüre wäre, also eine Hörlektüre, rein vom Hören kommend, ins Nachhören ankommend, dem Ohr gereicht, also ins Hören reichend; und könnte dementsprechend auch sagen: Jemand r:eicht mir das Wort ins Hören, die W:orte. Josef Winkler hätte es verstanden, würde es verstehen, dass er so da liegt auf dem weißen Tisch im Wohnzimmer, so daliegt und … wie heißt das, wenn man eine Leiche öffnet, einen toten Körper aufschneidet, sich einsägt? Sezieren? Notieren? Katalogisieren? Man nimmt am Regulären, Regulativen, an dem, was in Ordnung zu sein hat, an dem, was man sich vorstellt, dass es in Ordnung zu sein hätte, dass nichts aufzufinden sei an den Deformationen, dem Krankw

:erden des Funktionierens, was ehemals funktioniert hatte, bis es nicht mehr funktioniert habe … Sie verstehen? Könnte so der Autopsiebericht schließen, auch wenn man von der Literatur spricht, also die miteinander in filigranster Behauptung zueinander stehenden Organe, Verbindungselemente, die miteinander gegeneinander die Verbindung aufrecht erhaltenden Teile des Ganzen, ein strategisches Miteinander – was ist das Ganze zusammen – möge die Frage sein, die nicht gestellt wurde / wird; Josef Winkler also, der wie zufällig daliegt, in kurzen und kürzeren Texten, in Buchform und zitierfähig und doch so inständig eigen; wie zufällig liegt er da neben dem »Requiem für Ernst Jandl« und die Trostpräsenz; glauben Sie mir, sie ist ein Synonym für Trost: Friederike Mayröcker – und ihre Sätze wie »diesmal ist er zu weit gegangen« – Sätze wie diese auch, nur im Gedächtnis und vage, einst in einem Gedicht aufgelesen: »türkischer Heimatling«– gefiel mir damals – »mit / einer Schlange in einen Sack gesperrt sein / türkischer Heimatling«[1] und spüre seither eine Nähe, eine Nahtstelle, dass Sprache sich einlöst, sich ergibt aus dem Eigenfremden. Daneben Robert Schindel, auch am Tisch, auf dem Tisch. »Fremd bei mir selbst« lese ich im Titel seiner gesammelten Gedichte und sage »Ja« und noch weiter: fremdselbst, drängt sich mir auf, von den Hinterhöfen kommend, von den Hinterhöfen im Zentrum des Geschehens, und wie immer wieder neue Begriffe entstanden, entstehen, bestehen, weil sie verstehen, HINTERHOF-BEGRIFFE / RANDBE-GRIFFE, und hatte alles in Hausach mitbegonnen, also »La poesía Gast« (Vito d´Adamo)[2]: der nicht zu den Maschinen sprach, der nicht von den Maschinen angesprochen wurde, der lediglich den Maschinen entsprach, der am 28.11.76 im »Corriere d´Italia« das Phänomen der Emigration als wahre Diaspora in allen Kontinenten definiert hatte und der in Hausach lebte und mich irgendwann später mitnahm nach Frankfurt. »Du schreibst doch auch Gedichte«, hatte er gesagt, auf Italienisch. Da gibt es ein

---

1 Zitiert nach Zeilen Friederike Mayröckers, auf die ich schon in meinem Buch »Gastling« (1993) aufmerksam gemacht habe.

2 Vito d`Adamo war ein italienischer Gastarbeiter, der in Hausach lebte und die Literaturszene der italienischen Gastarbeiter in den siebziger Jahren des 20. Jh. entscheidend mitprägte.

Treffen in Frankfurt. Das war dann in einem Hinterhof, d.h. das war in einem italienischen Hinterhof neben der Buchmesse; und der Name des Ortes hieß »Casa di Cultura Popolare«; Adalbertstr. 36H; und drunter stand, auf dem Plakat mit dem Müllmann in Unterhemd und Wollmütze und mit der Bierflasche in der Hand und dem unrasierten Gesicht, eine Zeichnung – und drunter stand, damit man den Ort auch finden konnte: »in unmittelbarer Nähe der Buchmesse« ; und die Veranstaltung trug den Titel »Gastarbeiterautoren lesen Texte aus ihrem Alltag … mit Bilderausstellung und Musik«. Das war am 17.10.1981 … Und so fing irgendwie alles Öffentliche an. Aber, wie gesagt, kommen Sie in mein Haus, besuchen Sie mich. Ich muss Ihnen unbedingt all die anderen Räume zeigen und ein Bild, von dem ich noch nicht gesprochen habe, d.h. im Grunde kein Bild, wie Sie sich das vielleicht vorstellen mögen, eher eine Einladungskarte zu einer Ausstellung in Amsterdam, schon Jahre her. Ein Foto, das Lorca zeigt, recht witzig. Lorca mit Schnurrbart, und sein Schnurrbart, der gar nicht sein Schnurrbart ist, hängt an einem Kleiderbügel. In der Ausstellung ging es nur um Stühle. Da fällt mir ein, es gibt doch diese Redensart »Zwischen den Stühlen« … Im Spanischen würde man sagen: »Entre dos aguas« – Zwischen zwei Wassern … Ist das jetzt exotisch? Erotisch? Bereichernd?

Epilog

A propos »Grün« und »weithin behauset«

Vater war kein Gärtner. Er kaufte Mutter in seinen Jugendjahren zwar *biznagas* und damit den betörenden Duft des Nachtzaubers, den meistens die *Gitanas*[1] mit unwiderstehlichen Worten oder Gesängen feilboten, aber er war kein Gärtner. *Biznagas* sind Jasminblüten, die in liebevoller Handarbeit auf die getrocknete Korolle des Bischofskrauts gesteckt werden. Ein Liebes-Arom für die Dauer einer Nacht.

Ansonsten vertrieb Vater sich die Musestunden im »Jardín de los monos«. Der Park in der Altstadt von Málaga hieß deshalb »Affengarten«, weil einige der Klettertiere aus Gibraltar dort eine Bleibe gefunden hatten.

Auch als Gastarbeiter in Deutschland wollte ihm nicht wirklich eine grüne Hand wachsen. Obschon er es versuchte. Die Wiese hinter unserem Haus im Schwarz-

---

1 *Gitanas* (span.): »Zigeunerinnen«

wald wurde zunächst ein Tomaten- und Bohnenfeld. Später ein Kartoffelacker. Die Aussaat ging noch, aber die Ernte. Deren Mühsal ließ den Entschluss reifen, aus den Gemüsegärten, Beeten und Äckern wieder eine Wiese sprießen zu lassen. So blieb mir als Kind nicht viel mehr als die buchstäblichen Kirschen in Nachbars Garten.

Literaturverzeichnis

Anderson, Gary (2011): *Hemingway im Gasthaus Rössle in Oberprechtal.* In: literaturblatt für Baden-Württemberg. Stuttgart: S. Hirzel Verlag, 2011

Centres de recherches tsiganes, (Hrsg. 1996): *Sinti und Roma unter dem Nazi-Regime 1. Von der Rassenforschung zu den Lagern.* Berlin: Edition Parabolis

Centres de recherches tsiganes (Hrsg. 2000): *Sinti und Roma unter dem Nazi-Regime 2. Von der Rassenforschung zu den Lagern.* Berlin: Edition Parabolis

Chiellino, Gino (1984): *Mein fremder Alltag.* Gedichte. Kiel: Neuer Malik Verlag

Chiellino, Gino (1987): *Sehnsucht nach Sprache.* Gedichte. Kiel: Neuer Malik Verlag

De la Plata, Juan (1984): *La Saeta. La pasión de Cristo según la canta el pueblo andaluz.* Jérez de la Frontera: Gráficas del Exportador

Deman, Katharina (2003): *Die Ungeliebten.* In: Südwind. Magazin für Internationale Politik, Kultur und Entwicklung. Heft 3

Esterházy, Péter (2006): *Einführung in die schöne Literatur.* Berlin: Berlin-Verlag

Gilsenbach, Reimar (2000): *Von Tschudemann zu Seemann.* Berlin: Edition Parabolis

Gómez Alfaro, Antonio (1998): *Die große Razzia gegen die Gitanos.* Berlin: Edition Parabolis

Grande Lara, Felix (1999): *Memoria del flamenco.* Madrid: Alianza Editorial

Hemingway, Ernest (1988): *Sämtliche Gedichte.* (Amerikanisch / Deutsch). Reinbek bei Hamburg: Rowohlt Verlag

Hernández, Miguel (1999): *Antología poétia.* Madrid: Editorial EDAF

Kenrick, Donald (1995): *Los Gitanos: de la India al Mediterráneo.* Madrid: Edtorial Presencia Gitana

Kenrick, Donald (1998): *Sinti und Roma: von Indien bis zum Mittelmeer.* Madrid: Edtorial Presencia Gitana

Leblon, Bernard (1997): *Gitanos und Flamenco.* Berlin: Edition Parabolis

Mayröcker, Friederike (2004): *Gesammelte Gedichte. 1939 – 2003.* Herausgegeben von Marcel Beyer. Frankfurt a.M.: Suhrkamp Verlag

Oliver, José F. A. (1997): *Duende. Eine Ballade in drei Variationen.* Gutach: Drey Verlag

Oliver, José F. A. (1989): *Heimatt und andere fossile Träume.* Gedichte. Berlin: Verlag Das Arabische Buch

Oliver, José F. A. (1993): *Gastling*. Gedichte. Berlin: Verlag Das Arabische Buch

Paz, Octavio (1984): *Das Labyrinth der Einsamkeit*. Frankfurt a.M.: Suhrkamp Verlag

Poché, Christian (1995): *La Musique arabo-andalouse*. Arles: Cité de la musique / Actes Sud

Ropero Nuñez, Miguel (1984): *El léxico andalzu de las coplas flamencas*. Sevilla: Alfar

Ruch, Martin (2004): *Offenburg, die Ortenau und die Literatur*. Ein Lesebuch zur Literaturgeschichte Mittelbadens: Books on Demand

Sépulveda, Luís (1996): *Der Alte, der Liebesromane las*. Roman. Frankfurt a.M.: S. Fischer Verlag

Steingress, Gerhard (2013): *Cante flamenco*. Zur Kultursoziologie der andalusischen Moderne. Zweite verbesserte Auflage. Berlin: logos-verlag

Trojanow, Ilija (2006): *Gebrauchsanweisung für Indien*. München: Piper Verlag

ADAC Nordbaden, Südbaden, Pfalz, Literarische Gesellschaft Karlsruhe (Hrsg. 2009): Literaturregion Südlicher Oberrhein. Karlsruhe

Auf einen Augenblick des Dankes

Dir, Rebecca, und dir, Joachim, Euch, Claudia und Werner:

En un lugar de la Mancha, de cuyo nombre no quiero acordarme, no ha mucho tiempo que vivía un hidalgo de los de lanza en astillero, adarga antigua, rocín flaco y galgo corredor.

»An einem Orte der Mancha, an dessen Namen ich mich nicht erinnern will, lebte vor nicht langer Zeit ein Hidalgo einer von jenen, die einen Speer im Lanzengestell, eine alte Tartsche, einen hageren Gaul und einen Windhund zum Jagen haben.«

Mit diesem ausholenden und unvergleichlichen Auftaktsatz des Don Quijote, der wundspanischer nicht sein könnte und mich immer wieder wohlwollend und heimatlich geborgen an mein *Schwarzwaldstädtle* erinnert, in dem ich geboren und im Vergleich zum Ritter der traurigen Gestalt glücklicherweise untraurig aufgewachsen bin, bedanke ich mich *con un abrazo fuerte*[1] bei Anya Schutzbach und Rainer Weiss, die mir mit der Publikation dieses Buches in ihrem Verlag eine große Freude bereiten; bei Ulrike Wörner für das minutiöse und inspirierende Co-Lektorat im schwäbischen Esslingen, wo das Alemannische wortschüttelnd auf den Prüfstand kam; bei Erwin Krottenthaler, der mich zum Titel dieser Essay-Sammlung ermutigte; bei Youcef Djaariri,

1 *con un abrazo fuerte* (span.): mit einer festen Umarmung

dessen Großzügigkeit mir den Rücken nicht nur zeitlich freihielt, um immer wieder in diese Texte eintauchen zu können; bei meinen Geschwistern und meiner Mutter, die nicht davor zurückscheuten, sich mir zu erzählen und: bei allen schließlich, denen ich in meinen Worten und Sätzen literarisch begegnen durfte und darf: ¡Gracias!

José F. A. Oliver
Mallorca, Januar 2015

Inhalt

José F. A. Oliver
Fremdenzimmer
Essays

Konzept Design
Gottschalk+Ash Int'l

Umschlaggestaltung
Julia Borgwardt, borgwardt design
unter Verwendung eines Motivs von
© Katrina Brown, pedro ferreira

Foto José F. A. Oliver
© Yves G. Noir

Bildteil
© privat (aus dem Familienalbum José F. A. Oliver)
Lithografie Matthias Veit, Panoramastudio Int. Ltd., Hausach

Druck und Bindung
Těšínská tiskárna, Český Těšín

Printed in Czech Republic
Erste Auflage 2015
ISBN 978-3-86337-075-6

Dieses Buch ist auch als eBook erhältlich
ISBN 978-3-86337-087-9 (EPUB)

weissbooks.com

Dieses Buch wurde auf FSC®-zertifiziertem Papier gedruckt. FSC® (Forest Stewardship Council) ist eine nichtstaatliche, gemeinnützige Organisation, die sich für eine ökologische und sozialverantwortliche Nutzung der Wälder unserer Erde einsetzt.

FSC
www.fsc.org
MIX
Papier aus verantwortungsvollen Quellen
FSC® C005833